なでしこ歴史物語

白駒妃登美

公益財団法人
モラロジー研究所

はじめに

皆さんは、日本の神話で好きな物語はありますか。私は『古事記《こじき》』のヤマタノオロチの話が大好きです。素晴らしいアマテラスに劣等感を抱《いだ》く弟のスサノオは、大暴れして高天原《たかまがはら》を追い出されます。するとある日、ヤマタノオロチという怪物に娘を生贄《いけにえ》として差し出さなければいけない夫婦に出会い、オロチに決闘を挑《いど》むのです。

この時のスサノオは、のちの〝英雄〟スサノオとはまるで別人です。劣等感のかたまりで、アマテラスに迷惑をかけ、弱虫で子どもっぽくて、むしろイケてない神様でした（笑）。それでも、縁あって出会った人々をなんとか助けたいと願い、勝算なんてないのに、オロチに立ち向かったのです。最後はお酒で酔わせて退治するのですが、この時、オロチの尾から勇気の象徴として〝天叢雲剣《あめのむらくものつるぎ》（草薙剣《くさなぎのつるぎ》）〟が出現し、それを手にしたスサノオが英雄になっていくという物語です。

なぜ私がこの神話を好きなのかというと、そこには、日本人らしい生き方が描《えが》かれているからです。西洋の成功哲学はこれと反対で、最初に結末を決めるのです。ここで、こういう困難に耐えたらこんな報酬が得られる、だから今この困難に立ち向かう、と。西洋の社会は、良くも悪《あ》しくも〝契約社会〟ですから、彼らは〝今〟を未来のための手段にして生きるのです。でも、日本人の人生観は逆。〝今〟を受け容《い》れて、ご縁をいただいた人たちを笑顔にするために精いっぱい頑張ると、思いもよらないご褒《ほう》美《び》が思いもよらない方向からやってくる――。まるで剣を手にして英雄になっていったスサノオのように、天の導《みちび》き、つまり天命に運ばれて生きるのが、日本人本来の人生観なんだろうと思います。

これは、一方が正しくて他方が間違っているとか、優劣の問題ではありません。どの民族にも、先人たちが育《はぐく》んできた文化や歴史や価値観があり、その中にこそ、それぞれの民族が幸せに生きるためのヒントが溢《あふ》れていると思うのです。

ところが、私は若いころ、西洋流の成功哲学に傾倒していました。常に明確な目標を持ち、その実現に向けて努力を重ねていたのです。その結果、私はどうなったかというと、目標はほとんど叶《かな》いました。有名大学に合格し、卒業後は大手航空会社に入社、国際線に乗務し、充実した毎日を送っていました。けれど、安心感や幸せ感は得られなかったのです。なぜなら、西洋流の成功哲学では、目標を達成してもそこで喜んだらダメ、満足したらダメなんですから。次は？　次は？　と、常に成長を求められ、どこまでいっても幸せが摑《つか》めないのです。実際、豊かさや幸せを限りなく求め続け、どこまでいっても満足できないことを「もっともっと病」と呼ぶ人もいるぐらいですから、今振り返ってもぞっとします。

そんな私の人生に大きな転機が訪れたのは、四十六歳の時。治ったと思っていた子宮頸《けい》ガンが肺に転移して、「この状態で助かった人を見たことがない」と主治医に告げられたのです。目の前が一瞬にして真っ暗になりました。人生は終わった、と。でもそんな時、ふと明治の俳人・正岡子規《まさおかしき》の姿が心に浮かんだのです。

江戸末期に武士の家に生まれた子規は、明治維新で封建制度がなくなってからも〝武士道〟に対して強いあこがれを抱き、「武士道における覚悟とは何か」と自問自答していました。そんなある日、子規は一つの結論を得ます。「武士道における覚悟とは、いついかなる時でも平然と死ねることだ」と。しかしその後、脊椎《せきつい》カリエスに侵《おか》された子規は、苦しみの病床で、自分がたどり着いた覚悟が真逆だと気づくのです。「本当の覚悟とは、どんなに苦しい場面でも平然と生きることだ」と。

いつしか自分を子規に重ねていた私は、子規のように、死の瞬間まで平然と生きよう――。そう覚悟を決めました。すると不思議と心が落ち着き、不安が雪のように解《と》けて、夜もぐっすり眠れるようになったのです。

この時、私は気づきました。人間には二種類の悩みがあることに。一つは〝過去〟に対する後悔。もう一つは〝未来〟への不安です。この二つに縛られている限り悩みは尽きず、〝今〟は輝きません。子規や先人たちがそうであったように。過去も未来も手放して、いつでも〝今〟を懸命に生きる。そうすれば、たとえ後悔するような過去でも、その過去のおかげで今があると感謝できます。未来だって、天がベストなものを用意してくれていると、安心できるはずです。〝今〟に生きること、そして人と自分を比べたり、人からどう思われているかを気にしたりせずに、〝ここ〟に集中すること。それが、命を輝かせることにつながるのです。

〝今〟を輝かせて生きれば、過去に感謝できるようになる――。これは、自分の過去だけでなく、歴史にも当てはまるのではないでしょうか。そういう優しい眼差《まなざ》しで歴史と向き合うと、歴史は単なる過去の出来事ではなく、生き生きと動き始め、輝きを放ち始めます。そしてそこには、その時代、その時代を生きた人々の〝思い〟が溢れていることに気づかされます。

歴史とは、先人たちから私たちに送られた〝エール〟であり、〝ラブレター〟。「この先人たちの思いを、皆さまと紐解《ひもと》き、分かち合うことで、今日を生きる力にしたい」という祈りを込めて、『なでしこ歴史物語』を綴《つづ》らせていただきました。

さて、一度は死を覚悟した私がどうなったのかというと、〝今、ここ〟に全力投球する日本人の生き方を実践するうちに笑顔が戻り、ついにはガン細胞が消えてくれました。あれから八年経《た》った今も、私は元気に生かしていただいています。「先人たちに助けていただいた命を大切に使わなければ」と自分に言い聞かせる日々です。

それにしても、あの時なぜ私は生かされたのでしょうか。「きっと私にはまだまだやることがあるから、生かされたんだな」と思うのです。では逆に、私が死ぬ時とはどういう時なんだろうと、想像してみました。それは天が「今までよく頑張ったね」と言ってくれる時なのではないか、そんな気がしたのです。やることがあるから生かされるのも素敵ですが、「よく頑張ったね」と言ってもらえるのも、悪くないなぁ。

生きることがいいことで死は悪いこと、あるいは健康がよくて病気は悪い、というのではなく、そのすべてを受け容れて、感謝して生きていきたい——。なでしこたちが紡《つむ》いだ歴史物語から、私はそんな〝しなやかな強さ〟を受けとっています。

白駒《しらこま》 妃登美《ひとみ》

―― 目　次 ――

第二章　心を決める

第三章　しなやかに、たくましく

第四章　貫く

第五章　支える

装丁　株式会社エヌ・ワイ・ピー
イラスト　アオジマイコ
編集協力　株式会社ぷれす

第一章

思いやり

「受容力」にみる女性らしさ
――江戸のアイドル・笠森お仙①

女性の〝天性〟とは

昨今の世の男女観について、私にはどうしても解《げ》せないことがあります。それは、戦後に急速に推《お》し進められた〝男女平等〟についてです。両性にとって平等なのはあくまでも権利であり、役割や使命までまったく同じというわけではない。このあたりを混同していると感じられる言動が、世に溢《あふ》れてはいないでしょうか。

〝性〟とは、面白い字です。

性格、性質、天性などと使われ、その人が希望したか否かにかかわらず、生まれつきに、根源的に持っている素質を指します。いわば、授かりものです。

女性には、女性だけの授かりものがあります。使命といいますか、女性らしさといってもいいかもしれません。

では女性らしさとは何か。言い換えれば、女性の天性とは何かしらということを、歴史上の人物に学びながら、皆さまと考えていきたいと思います。男女が天性を磨きあい、輝かせあうことで、きっと素敵な未来を築くことができると信じて……。

相づちの天才・お仙

江戸の笠森稲荷《かさもりいなり》（現在の東京都台東区）の境内《けいだい》に、参拝客に湯茶を提供する水茶屋《みずぢゃや》がありました。『なでしこ歴史物語』のトップを飾るのは、その水茶屋の看板娘・お仙《せん》。彼女は明和《めいわ》年間（一七六四―七二年）に江戸の三美人の一人に数えられ、その姿態《したい》を描いた浮世絵は江戸中に広まり、またたく間に江戸のアイドルに！　浮世絵の他にも、歌舞伎や人情本に取りあげられたり、彼女の手ぬぐい、双六《すごろく》、人形まで作られたりしたといいますから、もはや単なる〝アイドル〟ではなく〝スーパーアイドル〟ですね。さらに参勤交代で領国に帰るサムライたちが彼女の浮世絵を手土産にしたので、もはや彼女の人気は江戸にとどまらず、全国区といえるほどでした。

なぜお仙は、世の男性をそこまで魅了したのでしょうか。実は、お仙は決して〝絶世の美女〟という印象ではなかったようです。お仙のモテの秘密は、器量よりも彼女の女性らしさ、とりわけお客さんの話に親身に耳を傾ける〝受容力〟にありました。

お仙は相づちの達人だったといわれています。

入れ代わり立ち代わりやってくるお客さん。その一人ひとりにお仙は笑顔を向け、彼らの話に相づちを打ちながら丁寧《ていねい》に聞いたようです。現在の貨幣価値で一杯五十円ほどのお茶を、五杯も十杯もおかわりした人も珍しくなかったといいますし、男性だけでなく女性客にも人気があり、着物の着こなしや髪型をまねする同性が後を絶たなかったともいわれます。

私の恩師・越川禮子《こしかわれいこ》先生（NPO法人江戸しぐさ特別顧問）によると、お仙はアルト（低音）の声が魅力的だったそうです。もっとも江戸時代には〝アルト〟という言葉はありませんから、甲高《かん》い声を出さない、ということなのでしょうね。つまり誰《だれ》が来ても変わらぬ態度で、何が起こっても取り乱さず、平常心で笑顔を絶やさず接客をしていたのだと思います。

男性であれ女性であれ、どんな人の話も親身に穏やかに傾聴する受容力。これこそ、お仙が人々を惹きつけた理由だったのです。

人を包み込む「受容力」

最近は若い女性を中心に、「女子力アップ」のセミナーやサロンが人気です。私は歴史の講演や執筆の傍ら、〝結婚コンサルタント〟として活動する友人を手伝い、かつては独身男女の引き合わせ役をさせていただいたこともありますが、彼女たちの多くが外面ばかり気にして自分磨きをしている姿に、少々違和感を覚えました。もちろんどんなことにも向上心を持ち、資格を取ったり、スポーツジムに通ったり、メイクを習ったりするのは、素晴らしいことだと思います。ただ、内面からにじみ出る女性らしさがなければ、それらは徒労に終わってしまうのではないでしょうか。

越川先生によると、江戸時代にも女子力アップを目ざす〝姉様人形講《あねさまにんぎょうこう》〟というのがあったそうです。姉様人形はのっぺらぼうで、顔が描かれていません。見た目ではなく、内面の美しさに主眼を置き、そこから溢れ出る表情や所作《しょさ》を磨いていたのです。

お仙もこの講に参加して、傾聴する心や受容する心を磨いていたのかもしれませんね。知識やスキルも大切ですが、人を包み込む温かな傾聴力や受容力があってこそ、それらの能力は、より生かされるのではないでしょうか。人を包み込む〝受容力〟。そうした女性らしさをもって江戸町民に愛されたのが、笠森お仙だったのです。

すべての人々に優しさを
——慈悲深さの象徴・光明皇后①

光り輝くような美しさ

いつの時代にも、その時代を象徴する〝やまとなでしこ〟は存在するものです。では悠久の歴史を紡《つむ》いできた日本史上で、その先駆けとなる女性は——。皆さまなら、どの人物を挙げるでしょうか。

容姿の美しさとともに、その慈悲深さで民衆の心を癒《いや》した人。やまとなでしこの象徴的存在であり、その後の女性史に影響を与えた人物として、私が真っ先に思い浮かべるのは、なんといっても第四十五代・聖武《しょうむ》天皇のお后《きさき》である光明皇后《こうみょうこうごう》です。

今からおよそ千三百年前、奈良時代に生きた女性です。もともとは「安宿媛《あすかべひめ》」といいましたが、容姿が光り輝くように美しかったことから、のちに「光明皇后」と称されました。

この皇后さま、実は注目されたのは容姿だけではないんです。その聡明さも際立っていたといいますから、まさに才色兼備《さいしょくけんび》の女性だったのでしょうね。光り輝く美しさと聡明さ、それだけでもやまとなでしこの資質は十分ですが、その名が後世まで残っているのは、ある伝説に象徴される「慈悲深さ」にあると私は感じています。

〝千人目は仏さま〟伝説

光明皇后の慈悲の心が表れる、一つのエピソードをご紹介します。

そもそも、光明皇后がのちに聖武天皇となる首皇子《おびとのみこ》と結婚したのは、十六歳の時でした。彼女が二十四歳の時に夫が天皇となり、その数年後に跡継ぎの男児を出産すると、聖武天皇はうれしさのあまり、生後一か月ほどでその子を皇太子にします。ところが悲しいかな、その子は体が弱く、一年を待たずに夭逝《ようせい》してしまうのです。

そのころ、奈良の都は凶作が続き、天然痘《てんねんとう》という感染症も流行。飢えや病に苦しむ人が多く、死者も後を絶たないという悲惨な状況でした。

そんな中、わが子を亡くした悲しみに打ちひしがれながらも、光明皇后は聖武天皇と共に苦境を乗り越え、〝国母《こくも》〟としてのあるべき姿を模索していくのです。

〝民の父〟である聖武天皇が、国家の安寧《あんねい》を願って大仏を建てたのに対し、母なる光明皇后は、貧しい病人のために〝施薬院《せやくいん》〟と呼ばれる病院や、身寄りのない子どもやお年寄りのために〝悲田院《ひでんいん》〟という福祉施設をつくります。弱き者に寄り添い、手を差し伸べていきました。

皇室は代々、国民を〝大御宝《おおみたから》〟と呼び、慈しみの心で民を治めることを伝統としてきましたが、光明皇后がその思いを一つのカタチに示された意義は大きいと思います。こうして慈善事業に取り組む中、光明皇后はある夜、夢の中で仏さまの声を聞くのです。

「光明皇后よ、貧しい人のために浴場をつくり、あなたの手で千人の人の体を洗ってあげなさい」――と。

光明皇后はその言葉を信じ、言われたとおり浴場をつくり、お金持ちでも貧しい人でも分け隔《へだ》てなく、訪れた人の体を洗い、心を癒していきました。

そしてその数が九百九十九人になり、千人まであと一人となった時です。

千人目として現れたのは、全身の皮膚が化膿《かのう》している病気の老人でした。誰もが目を背《そむ》けるほど、老人は全身がただれていました。それでも皇后は厭《いと》うことなく背中を流し、そして患者の膿《うみ》を吸い出してあげたのです。

すると、どうでしょう。皇后が患者の背中に優しく口をつけた瞬間、浴室に紫雲《しうん》がたなびき、患者は黄金の光を放って「我《われ》は仏なり」と告げ、微笑《ほほえ》みながら天高く昇っていったというのです。

仏さまを感動させた慈悲

この話が史実なのか伝説なのかは、正直私にも分かりません。けれども大切なことは、私たち日本人が、このエピソードをやまとなでしこの美徳として信じ、伝え続けてきたことではないでしょうか。

光明皇后は、都に並木道をつくる際にも「貧しい人が飢えないように」と、家臣に桃と梨の木を植えさせたといわれています。聡明で光り輝くように美しく、溢れる優しさを民に対して注いだ光明皇后。彼女を国母として仰ぎ見た国民は、その慈悲深さに感動し、きっと皇后さまは仏さまをも感動させる慈悲深さを持つ女性なのだと信じ、その美徳を語り継いできたのでしょう。

いつの世も人々を魅了し、心に癒しを与える女性はいます。そんなやまとなでしこたちの内面の美しさにも、より光が当たればと思います。

自ら幸せな家庭を育む――愛の達人・お市の方

〝お見合い〟を見直したい

「結婚はしたいけど、結婚相談所に入会してまではちょっと……」。私は歴史物語を探求しながら〝結婚コンサルタント〟として活動中の友人を手伝ってきましたが、独身男女の多くはこんなふうにおっしゃいます。

その方々にお伝えしたいのは、結婚相談所を介して結婚した方々の多くが、驚くほどラブラブになっているという事実です。恋愛でもお見合いでも、大切なのは出会いのカタチではなくその後にある。そういう意味で〝お見合い〟という日本の伝統的風習を、私はもう一度見直してもいいのではと感じています。

お見合いが庶民層の風習として定着したのは江戸時代といわれますが、お見合い結婚自体は、江戸時代以前にもありました。戦国大名の〝政略結婚〟も、その一つでしょう。初めて会った日に婚礼を迎えるという話も珍しくないのですから、究極のお見合い結婚といえるかもしれませんね。

この項の主人公であるお市《いち》の方は、兄・織田信長《おだのぶなが》の命令で近江国《おうみのくに》の小谷城《おだに》主・浅井《あざい》長政《ながまさ》と結婚。周囲がうらやむほど仲睦《なかむつ》まじく、子宝にも恵まれましたが、お市の方の女性としての魅力が際《きわ》立つのは、むしろ〝その後〟なんです。

三十六歳での再婚

お市の方は〝戦国一の美女〟といわれる一方、夫の浅井長政もまた、肖像画で見る限り色白で恰幅《かっぷく》がよく、気品もあって、かなりのイケメンです！　まさに戦国一の美男美女カップル。ですから「そんなイケメンとの結婚なら、そりゃ幸せでしょう」と思う方もいるかもしれません。

ですが、お市の方は、そんな小さなことで幸せをつかんだわけではないんです。

婚家の浅井家が実家の織田家に滅ぼされるという、戦国時代ならではの過酷な運命に翻弄《ほんろう》されたお市の方。夫と息子を失い、悲しみにくれる彼女は、三人の娘と共に実家に戻りました。大切な存在を奪った負い目があるのか、信長やその弟たちは、お市の方と娘たちに優しく接します。兄弟の庇護《ひご》を受けながら、穏やかに暮らす日々。

しかし、その平穏が突如として奪われたのです。本能寺の変――。兄・信長の死が、再び彼女に転機をもたらしました。

お市の方、三十六歳。信長の後継者争いで織田家中が浮き足立つ中、彼女は再び嫁《とつ》ぐことになるのです。相手は二十五歳も年上の、六十一歳の柴田勝家《しばたかついえ》でした。優雅で貴公子風の長政とは正反対の、無骨なイメージの男性です。

以前、何かのテレビ番組で、勝家がお市の方に宛てた手紙が紹介されました。その手紙には、領地を離れた勝家が、お市の方にはこんなお土産を、娘たちにはそれぞれこういうものを買い求めた、という内容が綴られていて、文面からは、かけがえのない家族に対する勝家の愛情が溢れ出ていました。彼女の連れ子である三人の娘たちは、みな祖父のような年齢の勝家を慕っていたようですから、柴田家はきっと円満で温かな家庭だったのでしょう。

お市の方は、二十五歳も年上の勝家に激しい恋心を抱《いだ》くことはなかったかもしれません。でも、きっと妻として信頼と尊敬の念を捧げていたのだと思います。その後、勝家が豊臣秀吉《とよとみひでよし》に敗れ、彼女は夫と共に自害したため、結婚生活はわずか一年で幕を閉じましたが、まさに彼女こそ、〝愛の達人〟と呼んでもいいのではないでしょうか。

愛は〝与えるもの〟

どんな相手でも、その人の素敵なところを見つけ、そこを照らし続けることで、さらにその人の魅力を引き出す。そして互いに愛し愛され、その人と共有する時間を輝かせる。相手を受け容れる器量の大きさが、お市の方の女性としての懐の深さにつながっているように思います。

幸せになりたいと願う女性の多くは「こんな相手なら」という枠を作り、条件に適《かな》った人を探し続ける傾向があります。

でも残念ですが、それでは相手に依存しながら幸せをつかむようなもの。どんなに大恋愛の末に結ばれたカップルでも、互いの依存心が強ければ、どうしても相手のあら探しになっていくものです。

きっとお市の方には分かっていたんですね。幸せは、自分自身が生み出すもの、もらうことより与えることのほうが尊いと。

そんなお市の方の愛し愛される生き方は、平和な現代に生きる私たちにも、〝幸せの本質〟を伝えてくれているような気がします。

加賀百万石を築いた夫婦愛——前田利常の妻・珠姫

すべてはお家存続のために

加賀といえば〝百万石《ごく》〟。歴史好きな方でなくとも、馴染《なじ》みのあるフレーズではないでしょうか。その城下町として栄えた金沢は、加賀友禅《ゆうぜん》に漆器《しっき》、金箔《きんぱく》など、伝統工芸の宝庫として知られます。どれも溜息《ためいき》が出るほど優美な品々。しかしその美しさの裏には、加賀百万石の生き残りをかけた決死のドラマがあったのです。

加賀を治める前田家は、豊臣秀吉の厚い信頼を受け、豊臣政権の中枢《ちゅうすう》を担《にな》った前田《まえだ》利家《としいえ》を祖とする家柄。その名声に加え、徳川《とくがわ》家に次ぐ百万石の実力を備えているのですから、秀吉亡き後の天下を狙う家康にとって、まさに目の上のタンコブともいえる存在でした。ついに天下人となり、前田家潰《つぶ》しを仕掛ける家康《いえやす》に対し、前田家は工芸品の開発に力を注ぎました。豊富な財力を、軍備ではなく殖産《しょくさん》に費やすことで、徳川に背《そむ》く意志がないことを示そうとしたのです。言い換えれば、前田家の「生きる」という覚悟が、あの美しさを育んだのですね。

それでもなお家康の警戒心は解けません。家康は、前田家に謀反《むほん》の疑いをかけ、加賀征伐《せいばつ》を企《くわだ》てました。百万石の命運ももはやこれまでか――。この窮地に立ち上がったのが、加賀藩主・前田利長の母であり、藩祖・利家の糟糠《そうこう》の妻・まつです。夫と二人三脚で築き上げた前田家を、自分の命に代えてでも守るという気概が、まつにはありました。彼女は人質として自《みずか》ら江戸に赴《おもむ》くことで、徳川家への忠誠を示したのです。

引き裂かれた夫婦愛

まつと入れ違いに、あどけない姫君が江戸から金沢へお輿《こし》入れしました。利長の養《よう》嗣子《しし》・利常《としつね》と、二代将軍・徳川秀忠《ひでただ》の次女・珠姫《たまひめ》との婚姻が決まったのです。慶長六（一六〇二）年、珠姫三歳の時のことでした。

利常と珠姫は、〝政略結婚〟で結ばれた夫婦です。現代からみれば、これほど女性の尊厳を無視した結婚はないように感じられますよね。でも当時の政略結婚は、両家が協調することを約した〝同盟〟の証《あかし》であり、珠姫は、いわば外交官。彼女は幼くとも、両家の融和という大きな使命と誇りを背負って、加賀へ嫁いだのです。

一方、利常も幼い姫君を心から慈しみました。彼女が江戸を離れる時、母親の江《ごう》は幼いわが子にひな人形を持たせました。わが子の成長をすぐそばで見守りたい――。この母親としてのささやかな願いが破れた時、せめて自分の代わりに娘の成長を見守ってもらおうと、切なる思いを託したのでしょう。珠姫にとって、おひな様は母親そのものでした。だから彼女は、桃の節句が終わり、侍女がひな人形をしまおうとすると、泣きだしたのです。それは聞き分けのいい彼女の、唯一のわがままでした。

珠姫を説き伏せようとする侍女に、利常は「奥を泣かせるな。ひな人形は片付けなくともよい」と伝えたそうです。〝奥〟とは奥方、つまり身分のある者の妻のこと。利常は、相手が幼くとも妻として大切にし、愛を注いでいたのですね。珠姫は十四歳で正式に利常と結婚。二人はとても夫婦仲がよく、十年間で三男五女を授かりました。

愛する家族に囲まれ、大切な使命も全《まっと》うし、幸せいっぱいの日々を送る珠姫――。ところが、円満なその人生は、突如として終わりを迎えます。

夏姫《なつひめ》という女児を出産後、珠姫は体調を崩しがちに。それを理由に、乳母《めのと》は珠姫を隔離し、利常の面会を拒み続けました。一説には、珠姫を通じて徳川家の情報が利常に筒抜けになるのを乳母が恐れ、二人の仲を裂こうとしたといわれています。

最期は夫の腕の中で

そうとは知らない珠姫は、夫が訪れないのは心が離れたからと絶望し、衰弱していきます。長らく妻に会えず、不審に思った利常が、乳母の制止を振り切って駆けつけた時、珠姫は息を引き取る寸前でした。利常の腕に抱かれた珠姫は、夫の変わらぬ愛を確信し、静かに旅立ったのです。二十四歳でした。

百万石の危機を救い、その繁栄に尽くしながら、若くして亡くなった珠姫。私はずっと彼女の人生を、ただただ切なく悲しいものかと思っていましたが、金沢を訪れ〝百万石まつり〟を見物した時、その思いが一変しました。クライマックスの〝百万石行列〟、前田家のメインを飾るのは珠姫です。人々が敬慕する利家やまつよりも前に、珠姫が登場するのです。そこに、金沢の人々の珠姫に寄せる深い思いが表れているような気がして、胸がいっぱいになりました。

加賀の地を愛し、そこに生きる人々を心から慈しんだ珠姫だからこそ、四百年経った今なお、人々に愛され続けているのでしょう。彼女の人生は、「与えたものこそが得られる」ことを、私たちに物語ってくれています。

人の上に人をつくらず
――福澤諭吉を育んだ人間愛・於順

諭吉を育てた母の愛情

福澤諭吉《ふくざわゆきち》が一万円札の肖像になったのは、昭和五十九（一九八四）年。以来三十年以上も日本経済を支えてきました（笑）。慶應義塾大学の創立者にして、明治初期、日本人の十人に一人が読んだとされる、大ベストセラー『学問のすゝめ』の著者。輝かしい業績に気後れしそうですが、さまざまなエピソードから浮かび上がる諭吉の人柄は、とても温かく、人間味に溢れています。

それもそのはず、お母さんが人間愛に溢れた素敵な女性だったのです。

天保五（一八三四）年、諭吉は中津藩《なかつ》（現在の大分県中津市）の下級藩士・福澤百助《ひゃくすけ》と妻・於順《おじゅん》の次男として、藩の蔵屋敷があった大坂で生まれました。ところが、二歳の時に父が他界。母子六人は故郷の中津に戻りましたが、大黒柱を失った福澤家は、極貧の暮らしを余儀《よぎ》なくされます。内気な諭吉は、大坂と中津の言葉や習慣の違いに戸惑いを感じ、さらに下士身分を卑下《ひげ》していたので、外に遊びに行きたがらず、家の中で過ごしてばかり。それだけに、母・於順と過ごす時間が長かったのです。

人として当たり前なこと

近所にチエという娘がいました。家もなく親もないチエは、いつも着物はボロボロで、髪もボサボサ。そんなチエは、近所でつまはじきにされていましたが、於順だけは拒《こば》まず、いつも庭先で頭のシラミを何十四も取ってやり、さらに握《にぎ》り飯《めし》を作ってあげたそうです。その際、シラミを小石でつぶすのが諭吉の役でしたが、諭吉はそれがイヤで仕方ありません。

ある日、いつものようにチエが庭先に座りました。母がシラミ取りを手伝わそうと声をかけると、諭吉はとうとう「母上、気分が悪くなりました」と言って、横を向いてしまいました。

「こうしてチエがここに来るのは、取ってもらえば気持ちがいいからでしょう。けれどもチエは自分でできないのですよ。できる人ができない人のためにしてあげる、それが人として当たり前だと思うのだけれど」

母の言葉にハッとした諭吉は、「もうなんともなくなりました」と言って、手伝いを始めたそうです。

諭吉の「天は人の上に人を造《つく》らず人の下に人を造らず」という有名なフレーズは、アメリカ独立宣言の引用といわれていますが、人は本来みな平等であるという精神に諭吉が共感できたのは、日々の暮らしの中で、人間愛を当たり前のこととして示し続けた、母の存在があったからではないでしょうか。

利害を超えて人助けを行う

於順は、深い人間愛と母としての強さを併《あわ》せ持っていました。兄の急死の報を受け、蘭学《らんがく》修行中の諭吉が急ぎ帰郷した時のこと。親戚がみな、中津に残り母を養うように諭吉を諭《さと》す中、於順だけは息子の学問への情熱を理解し、その可能性を信じ、再び送り出したのです。

そんな母の思いを受け、諭吉は蘭学、さらには英学の知識を極め、人間力も磨いていきます。そして、利害を超えた人助けに生きる人物へと、成長を遂げるのです。

戊辰《ぼしん》戦争で明治政府に最後まで抵抗した幕臣・榎本武揚《えのもとたけあき》。彼が投獄されると、心配した榎本の家族は、諭吉に救いを求めてきました。諭吉はひと肌脱いで明治政府に働きかけましたが、このことが榎本助命の一因になったといわれています。

諭吉に救われた人間はまだまだいます。かつて諭吉を私設秘書にし、共に咸臨丸《かんりんまる》で渡米した幕府高官・木村摂津守《きむらせっつのかみ》。維新後は明治政府からの出仕の要請を断り続け、「忠臣は二君《にくん》に仕《つか》えず」という武士道を貫きました。見事なまでの潔《いさぎよ》さですが、実は木村は、三十代という若さで隠棲《いんせい》してしまったのです。〝余生〟と呼ぶにはあまりにも長い人生が、その後も続きます。そんな木村に送金を続け、木村家の人々の暮らしを支えた人物がありました。その人物こそ、福澤諭吉だったのです。

また世界的な細菌学者・北里柴三郎《きたさとしばさぶろう》の志《こころざし》に共感し、私財を投じて伝染病研究所を設立したのも諭吉です。陰になり日なたになり、生涯、北里を支援し続けました。

驚くべきは、これらの人助けについて、諭吉は一切《いっさい》他人に口外せず、本人や関係者に恩を着せることもなかった、という点です。あくまで「人として当たり前のことをしただけ」と思っていたからでしょう。

人間愛を体現し、近代日本の礎《いしずえ》を築いた福澤諭吉。その一番の教師は、母だったのです。

名君知られざる優しさの秘密
——上杉鷹山を支えた妻・幸姫

良縁の陰に隠された事実

為せば成る　為さねば成らぬ　何事も　成らぬは人の　為さぬなりけり

あまりにも有名な言葉ですが、その出典をご存じですか？　江戸中期の名君として知られる、上杉鷹山《うえすぎようざん》の言葉と伝わっています。

日向《ひゅうが》（現在の宮崎県）高鍋《たかなべ》藩主・秋月家の次男に生まれた鷹山は、出羽《でわ》（現在の山形県）米沢藩の上杉家の養子となります。米沢藩主・上杉重定《しげさだ》に男子がいなかったので、重定の正室が生んだ幸姫《よしひめ》と結婚することを前提に、この養子縁組が決まったのです。

二万七千石という小藩の部屋住みの身が、一転、十五万石の大名家、それも室町幕府の重職を世襲《せしゅう》してきた名門・上杉家を継ぐ立場となったのですから、まさに逆玉《ぎゃくたま》！

ところが、この結婚には、悲しい事実が隠されていました。実は鷹山は、幸姫との間に、夫婦としての関係を生涯持ち得なかったのです。幸姫には脳障害と発育障害があり、その心と体は、十歳にも満たない幼女同然だったといわれています。

無類の優しさ

鷹山が幸姫のもとを訪れると、彼女は喜び、人形遊びやおひな様の飾り付けを一緒にしましょうと、せがみます。すると鷹山は、黙って微笑みながら人形を受け取り、彼女が満足するまで根気よく一緒に遊ぶのです。その姿を見て、侍女《じじょ》たちはみな襖《ふすま》の向こうで泣いたそうです。鷹山が哀《あわ》れでもあり、彼の優しさに感動もしたのでしょう。

二人の結婚生活は、幸姫が三十歳で死去するまで、十余年に及びました。その間、鷹山は、幸姫が暮らす江戸藩邸には側室も置かず、妻を慈《いつく》しみ続けました。

やがて鷹山は、三十五歳の若さで隠居します。鷹山が上杉家の養子として迎えられた後に、前藩主の重定に男子が生まれていたからです。鷹山は自身にも息子がいたにもかかわらず、重定の息子・治広《はるひろ》に家督を譲り、陰で藩政を支え続けました。養父・重定の存命中に家督を譲ることで、重定を安心させたいという心遣《づか》いが、三十五歳という異例の若さでの隠居につながったのでしょう。まさに無類の優しさを持った鷹山――。しかし、彼が備えていたのは、優しさだけではありませんでした。

名君を支えたもの

十七歳で米沢藩主となった鷹山は、そのおよそ二年後、幸姫と婚姻を結びました。当時の米沢藩の財政は、破綻《はたん》寸前。それを立て直すために、鷹山は志高き家臣たちを登用し、次々に改革を断行していきました。

しかし若き藩主の旧習を破る行為は、既得権益の上にあぐらをかいてきた者たちの反発を招きます。鷹山が家督を継いでおよそ六年、ついに老臣七人が反旗を翻《ひるがえ》しました。これまで鷹山が推し進めてきた政策を、すべて否定するという訴えを起こしたのです。藩政の混乱が長引けば、徳川幕府は上杉家に〝お家取り潰《つぶ》し〟という厳しい処分を課すでしょう。

この重大な局面に、鷹山のとった行動は鮮《あざ》やかでした。訴状が出された三日後には、七人の重臣すべてに切腹や領地の削減など、果断な処分を下したのです。こうして見事に危機を乗り越えた鷹山は、五十年を超える長い年月をかけ、「為せば成る」の精神で、米沢藩の財政再建をやり遂げていくのです。

人としての優しさと、改革者としての厳しさを併《あわ》せ持った鷹山。その人間力は本当に素晴らしいのですが、その一方で、彼は常にいいようのない孤独を抱えていたのではないでしょうか。養子という微妙な立場にありながら、改革に対する不退転の覚悟を持ち続けなければならなかったのですから……。

私は思うんです。その孤独から彼を救ったのは、幸姫の純粋無垢《むく》な笑顔だったのではないか、と。つまり鷹山の心の一番深いところを幸姫が支えていて、その支えがあったからこそ、あれだけ過酷な改革を乗り切ることができたのではないか、と。一見、不幸とも思えた幸姫との結婚生活が、鷹山の優しさの秘密であり、たぐい稀《まれ》なる人間力の源だったのかもしれません。

そう考えると、人間関係って、本当に不思議で素敵です。与える側と受け取る側という、一方的な関係はあり得ない、常にお互いさまなんですよね。このことに気づいた時、周りの人たちへの感謝の気持ちが、あらためてわき上がってきますね。

世間さまへの恩返しを——志士を支えた商人・大浦慶

歴史をつくった商人道

江戸時代の商人にとって、年の瀬というのは、一年でとても重要な時期でした。当時の取引のほとんどは〝盆暮勘定《ぼんくれかんじょう》〟といって、お盆と年末の二回に代金がまとめて後払いされたからです。とはいえ、商人はいちいち証文《しょうもん》など書きません。お客は商人がつける帳面の内容を信頼し、商人もお客さまを信じているから、取引が成り立っていたのですね。

江戸時代、武士に武士道があったように、商人にも〝商人道〟が存在しました。己《おのれ》の利益のみを追うのでなく、町の繁栄や業界全体の繁栄を考えて商《あきな》いに勤《いそ》しみ、利益が出れば、それを世のため人のために生かしていく——。

商人としてのあるべき姿を追求し、道に生きる彼らが、この国の経済を担《にな》い、歴史を裏で支えたのです。そんな商人の一人、大浦慶《おおうらけい》をご紹介しましょう。

慶の生涯は、まさに波乱万丈。彼女は江戸時代後期に長崎有数の油問屋に生まれましたが、大火により生家が大損害を受けると、大浦家再興のために青春を費やします。やがて嬉野茶《うれしのちゃ》の輸出に活路を見出《みいだ》し、出島のオランダ人を通じて米国や英国にお茶の見本を送りました。慶が準備した見本は、上中下の等級に分けて梱包《こんぽう》されるという、当時としては画期的なものでした。

その斬新《ざんしん》な発想と、女性ならではの細やかな心配りが功《こう》を奏《そう》し、彼女のもとに巨額の注文が次々と寄せられるようになりました。嬉野茶だけでは賄《まかな》うことができないため、慶は九州一円の産地を駆け回って出荷したといわれています。こうして、茶の貿易商として成功した慶は、三十代にして莫大な富を手にします。

見込んだ人に使《つこ》うてみたか

慶の事業が全盛期を迎えた安政《あんせい》から慶応《けいおう》にかけての十余年は、黒船来航から戊辰戦争に至る、まさに激動の時代。歴史の渦に身を投《とう》じ、脱藩する者が相次ぎました。彼らの多くは追手を逃れ、長崎へ――。そうした志士たちを援助したのが、慶でした。

長崎を拠点とした坂本龍馬《さかもとりょうま》も、龍馬主宰の海援隊の隊士でのちに外相も務めた陸奥宗光《むつむねみつ》も、彼女の世話になっています。陸奥の伝記には、慶について「維新元勲《げんくん》の人々誰知らぬ者なきほどにて、君（陸奥）もまた長崎に一書生として漂流中は、その厄介《やっかい》になりしことありと聞けり」とあります。

いったい、慶はどんな思いで彼らを庇護《ひご》したのでしょうか。彼女の心意気を示す、こんな言葉が残っています。

「田地田畑《でんちでんぱた》を買いこんでも、うちの場合は人任《まか》せにしてただ寝かせておくだけでしょ。それではお金に申しわけなかと思うとよ。そんなお金があれば、うちはこれと見込んだ人たちに使うてみたか。その人たちがうちのお金で、何かうちにできん仕事ばしてくれる。それを思うと楽《たの》しかとよ。だいいち世間さまへの恩返しにもなるでっしょ」

儲《もう》けを私《わたくし》のものとせず、世間（公《こう》）への恩返しを常に考えていた慶は、まさに商人道を貫《つらぬ》いた人物といえるでしょう。

日本人が継承してきた〝恩〟

志士たちの活躍で新しい時代が幕を開けた一方で、慶は不運に襲われます。

明治に入ると、静岡茶の台頭で嬉野茶の取引量が減り、慶はお茶以外の輸出品を模索するようになりました。そのタイミングで、慶にたばこの輸出の話が舞い込みます。

かつて援助した人物に乞われるまま、彼女は保証人を引き受けますが、これがとんでもない詐欺話《さぎばなし》。裁判の結果、なんと千五百両（現在の貨幣価値で約一億五千万円）もの賠償責任を負わされてしまうのです。信用を失った事業は没落の一途《いっと》をたどり、やがて家屋敷《いえやしき》も人手に渡ります。

しかし、そうした苦境の中でも、慶は新政府の要人となったかつての志士たちに何一つ要求せず、恩に着せることもなかったといわれています。

日本人が古来、最も大切にしてきたのは、〝恩〟という概念でした。原因の〝因〟に〝心〟と書いて〝恩〟。〝心〟は心臓の〝心〟ですから、命を意味します。つまり、命の源に対する深い思いを〝恩〟というのです。

自分を生かしてくれている世間さまへの恩返しを、見事に成し遂げた大浦慶。彼女の心は、きっと晴れやかだったと思うのです。その人生は、傍目《はため》には不遇と映るかもしれませんが、彼女の心が喜びと感謝に満ち溢れていたことを、私は祈ってやみません。

笠森お仙（一七五一－一八二七）　江戸時代、笠森稲荷境内《けいだい》の水茶屋〝鍵屋〟の看板娘。明和年間（一七六四－一七七二）、浅草寺の柳屋《やなぎや》お藤《ふじ》、蔦屋《つたや》お芳《よし》と共に、江戸の三美女の一人としてもてはやされた。結婚後は九人の子を育て、天寿《てんじゅ》を全《まっと》うした（享年七十七）。

光明皇后（七〇一－七六〇）　奈良時代の聖武天皇（第四十五代）の皇后。初めて皇族以外から皇后となり、政略結婚という誹謗《ひぼう》を受けながらも、貧しい人々に施《ほどこ》しを与え続けた。

お市の方（一五四七－一五八三）　織田信長の妹で〝戦国一の美女〟といわれる。初婚相手の浅井《あざい》長政の死後、二十五歳年上の柴田勝家に嫁ぐ。娘は茶々《ちゃちゃ》・初《はつ》・江《ごう》の浅井三姉妹として知られる。

珠姫（一五九九－一六二二）　徳川秀忠の次女。慶長六（一六〇一）年に三歳で金沢に入り、その後、前田利常と結婚。菩提寺の天徳院では、珠姫を偲《しの》ぶ人形劇が上演されている。

於順（生没年不詳）　福澤諭吉の母。中津藩（大分県）の橋本家から福澤百助《ひゃくすけ》に嫁ぐ。父は漢学塾を開いた学者。

幸姫（一七五三－一七八二）　江戸中期の米沢藩八代藩主・上杉重定の娘。上杉家の養子となった鷹山と結婚し、九代藩主の妻となる。

大浦慶（一八二八－一八八四）　幕末から明治にかけて長崎を舞台に活躍した女性商人。日本茶貿易の先駆者。

第二章

心を決める

三姉妹が受け継いだ「母の強さ」
――お市の方とその娘たち

過酷な境遇にも

戦国一の美女・お市《いち》の方は、最初の夫・浅井長政《あざいながまさ》が滅ぼされた時には、城から逃れて生き抜くことを選び、次に嫁《とつ》いだ柴田勝家《しばたかついえ》が滅ぼされた時には、夫と共に自害するという道を選びました。

おそらく長政の時には、幼い娘たちを育て上げるため、母親として生きることを選択し、勝家の時には、娘たちが自分の足で立って生きることを信じ、勝家の妻として潔《いさぎよ》く散ったのではないでしょうか。

織田信長《おだのぶなが》の妹として過酷な境遇にさらされながらも、必死に命を燃やしたお市の方。

彼女の生きざまは、三人の娘たちに確かに受け継がれていきます。

戦国一有名な三姉妹

娘たちの名前は、「茶々《ちゃちゃ》（のちに「淀殿《よどどの》」と呼ばれる）」「初《はつ》」「江《ごう》」。よくドラマや小説でも取り上げられますから、ご存じの方も多いでしょう。彼女たちがなぜこれほど有名かといえば、それは長女の茶々が時の天下人・豊臣秀吉《とよとみひでよし》に、三女の江が徳川家康《とくがわいえやす》の息子・秀忠《ひでただ》に嫁ぎ、のちに両家は敵対関係となってしまったからです。

秀吉の死後、関ヶ原の戦いに勝利した徳川家は幕府を開き、豊臣家に代わって絶大な権力を築きます。やがては両家が決裂するのではないか、と憂《うれ》える者も多かったでしょう。そうした中、江の娘・千姫《せんひめ》が茶々の息子・豊臣秀頼《ひでより》のもとへと嫁いでいったのです。秀頼十一歳、千姫はわずか七歳でした。

夫婦の間に子が生まれ、その子が世継ぎとなれば、徳川と豊臣が手を握り合う日が来るかもしれない。そんな淡《あわ》い期待を抱《いだ》く者もいたかもしれません。おそらく次女・初は、それを誰《だれ》よりも強く望んだことでしょう。

徳川の天下を安泰にしたいと願う家康と、天下人の後継者の母という誇りを持ち続ける茶々、そして彼らの意を汲《く》む周囲の者たち――。そんな大人たちの複雑な思いをよそに、秀頼と千姫は、大変仲睦《なかむつ》まじい夫婦だったといわれています。しかしついに、この夫婦が子を授かることはありませんでした。

関ヶ原から十五年、秀頼と千姫の結婚から十二年、〝大坂の陣〟で豊臣家は滅び、茶々と息子の秀頼は、死を選ぶことになります。そして茶々、初、江の三姉妹は、幼い二人の婚礼の際に顔を合わせて以来、ついぞ三人揃っての再会は叶《かな》いませんでした。母・お市の方同様、過酷な運命に翻弄《ほんろう》され続けた三姉妹。でも彼女たちはみな、それぞれの道を命のかぎりたくましく生きたのです。

生きざまは受け継がれる

彼女たちの精神的な強さの理由は、どこにあったのでしょうか。それは、女性が天から授かった〝出産〟に関係していると、私は思います。親にとっては〝娘〟、夫にとっては〝妻〟など、女性は多面的な立場を持っていますが、子どもを産んだ瞬間から〝母〟という意識が何より強くなるのが、女性の特質です。

ですから、茶々と江が敵味方に分かれた時も、周囲が想像するほどは動揺はしていなかったと思うのです。二人を支えていたのは、「母親として生き抜く」という覚悟。この覚悟と潔さこそ、娘たちが母・お市の方から受け継いだDNAといえるでしょう。

これは私の想像ですが、多感な時期に二度の落城という地獄を経験した茶々は、秀頼を武将ではなく公家《くげ》として育てたかったのではないでしょうか。公家なら、戦《いくさ》で命を落とすことはありませんから。

秀頼が幼いころに書いたとされる書が遺《のこ》っていますが、それらには、そんな茶々の願いが垣間《かいま》見られるような気がします。その達筆で伸びやかな筆致は、年齢が幼くとも、一流の文化人を思わせるのです。私は茶々の心情を想像するたび、彼女が思い描いたように秀頼を導いていけたなら……と、悲痛な思いに駆られます。

でも一方で、そんな三姉妹の人生には、〝悲しさ〟よりも〝美しさ〟や〝気高さ〟が似合います。女性の誇り、母親の誇りを貫いたお市の方と、そのＤＮＡを確かに受け継いだ三姉妹。彼女たちの生きざまに接するたび、私は生《せい》を全《まっと》うする勇気をもらうのです。

ピンチにも凜と花咲く美しさ――源義経の愛妾・静御前

都ナンバー1の舞

窮地に追い込まれながらも、時代を超えて人々を魅了する、美しい生きざまを歴史に残した女性がいます。静御前《しずかごぜん》です。

時は平安時代の末期。静は〝白拍子《しらびょうし》〟という歌舞を演じる仕事をしており、母娘《おやこ》二代にわたる舞の名手として、その名は都《みやこ》じゅうに知れ渡っていました。

ある時、日照りが続いたことを憂えた時の為政者・後白河法皇《ごしらかわほうおう》が、百人の白拍子を集めて雨乞いの舞をさせました。すると、九十九人まで効果がなかったのですが、百人目の静が舞うと、たちまち黒雲《こくうん》が現れ、三日間雨が降り続いたといいます。いわば神さまをも感動させてしまうほど、美しい舞だったのでしょう。

しかし、その美しさに心を奪われたのは、神さまだけではありませんでした。その場に居合わせた一人の青年が、恋に落ちたのです。源義経《みなもとのよしつね》。源氏《げんじ》の血筋に生まれ、兄・頼朝《よりとも》と共に平安から鎌倉へと、新たな時代を切り拓《ひら》いた武将として知られていますね。

そんな源氏の御曹司《おんぞうし》と、都随一の白拍子。二人の恋はまたたく間に都中の噂となりました。そして二人は身分の違いを超え、深く愛し合うのです。

静御前、捕われの身に

けれども二人の幸せは、長くは続きませんでした。平家《へいけ》追討の立役者だった義経が、兄の不興《ふきょう》を買い、一夜にして追われる身となったからです。義経と静はいつまでも共に生きたかったでしょうが、二人はやむなく雪深い吉野の山中で別れることに。

その後、義経は奥州へと落ち延び、静は捕われて頼朝のいる鎌倉へ送られます。当代一の名手を迎えた鎌倉では、その舞を見物したいという声が、人々の間で高まっていました。それは、都の文化に対する憧れと、謀反人《むほんにん》となった義経の愛妾《あいしょう》を見てみたいという、好奇の眼差しが入り交じったものでした。

文治《ぶんじ》二（一一八六）年四月、頼朝とその妻・北条政子《ほうじょうまさこ》の鶴岡八幡宮《つるがおかはちまんぐう》参拝に際し、静は舞を奉納するように命じられます。静にとって義理の姉にあたる政子が、「静の舞を見たい」と強く希望した結果だといわれています。

京の都でスターだった静にとって、鎌倉は草深い田舎《いなか》に思えたはず。そこで舞うだけでもプライドが傷つくのに、人々の奇異《きい》の視線にさらされるのです。静にとって、これほど屈辱的な場はなかったでしょう。

しかし鶴岡八幡宮に舞を奉納するとなれば、それは〝神事〟ですから、断るわけにいきません。選択の自由が許されない中、静は舞台へ――。たとえわずかな心の乱れであったとしても、それが舞に与える影響は大きく、静は精彩を欠きました。「都で評判の舞とはこんなものか」という白けた空気が、観衆の間に広がっていきます。

――と、次の瞬間、静は、その場にいた誰もが目を見張る行動を取ったのです。

権力に挑んだ恋心

舞い終わったはずの静が、床に手をついたまま身動きせず、舞台にとどまります。静まりかえった会場、張りつめる緊張感。その中で、彼女が再び歌い始めたのです。

吉野山《よしのやま》　峰《みね》の白雪《しらゆき》　ふみわけて　入《い》りにし人《ひと》の　跡《あと》ぞ恋《こい》しき

(吉野山で雪を踏み分け去って行かれた義経さま。雪に残されたあの時の足跡が、今も愛《いと》しくてた

まらない）

しづやしづ　しづのを《（お）》だまき　くり返《かえ》し　昔《むかし》を今《いま》に　なすよしもがな

（私を静、静、苧環《おだまき》の花のように美しい静と、繰り返し呼んでくださった義経さま。幸せだったあの時に戻りたい）

本来なら、静はこの場で鎌倉を讃《たた》える内容を歌うべきでした。しかし彼女は、義経を慕う気持ちを、あろうことか、彼を最も憎み、追い詰めた張本人ともいえる、頼朝の前で披露したのです。四方を敵に埋め尽くされながら、舞というたった一つの武器を手に、一人戦いを挑んだも同然でした。

その勇気、その壮絶ともいえる美しさに、人々は心を震わせました。その場に居並ぶ武将たちはみな、かつて義経と共に戦《いくさ》を重ねた者ばかり。まばゆいばかりの輝きを放っていた往時の義経を、誰もが思い起こしたことでしょう。その若きリーダーの愛した女性が、こんなにも美しく、ひたむきにその恋心を歌っている――。その姿に、彼らは一様に涙を流したといわれます。

権力に服することなく示した静の恋心が、この後、急展開をもたらします。

夫を支えた「あわれみの心」――源頼朝の妻・北条政子

問われる為政者の資質

義経が愛した女性が、かくも美しくその恋心を歌っている――。が絶体絶命のピンチにも凛《りん》と咲き誇る静の姿に、周囲は感激のあまり涙を流しました。ところが、この歌を聞いてただ一人、激怒する者があったのです。そう、義経の兄・頼朝です。

「鶴岡八幡宮に舞を奉納するのに、謀反人《むほんにん》を慕《した》う歌を披露するとは何事か！」

そうです。普通に考えれば、頼朝の言うとおりなのです。当時、各地に点在する有名な豪族たちを束《たば》ねることに、頼朝はとても苦労していました。ですから一面では、自分の許可を得ず独断専行の向きのある弟に制裁を下すのは、頼朝にとってはやむを得ないことだったと考えられます。

しかし、日本人の感性には、こんな時の頼朝こそ悪人に映るのです。恋の歌も詠《よ》めない、あるいは人の恋心を理解できないような人は、「無粋《ぶすい》な人」「野暮《やぼ》な人」とされ尊敬を得られません。現代でも「空気が読めない人」というのは、敬遠されてしまいますよね。政治を司《つかさど》り、権力を握る者こそ、他者への思いやりの心、あわれみの心を持っていなければいけない。それが古くから日本の為政者に求められてきた資質だったのではないでしょうか。

静御前の境遇に寄り添う

仕事はできるけれども、人の心の痛みが分からない。そんな頼朝をそばで支えた名参謀が、妻の北条政子でした。

同じ女性として、彼女には静の気持ちがよく分かったのでしょう。というのも、その昔、政子は地位も実力もない流人《るにん》だった頼朝と恋に落ち、駆け落ち同然で夫婦になったのですから……。

当時は、平家全盛の時代。「絶大な勢力を誇る平家に対抗する源氏に嫁ぐなんて」と、当然、政子の両親は大反対しました。そんな親を振り切り、愛する頼朝を選んだ政子。ところが、周囲の心配は的中し、序盤は頼朝が平家に敗れ、一か月半もの間、生死も分からないという境遇を味わいます。後年、〝鎌倉幕府の尼将軍〟といわれ女《じょ》傑《けつ》として知られた政子も、この時ばかりは涙で枕をぬらしたと伝わっています。

ですから、吉野山で泣く泣く別れた義経を思う静御前の気持ちが、政子には痛いほど理解できたのでしょう。「私のあの時の愁《うれ》いは、今の静の心と同じです。もし義経の愛を忘れ、静が彼を恋慕《れんぼ》しないのであれば、それは貞女《ていじょ》ではありません」。きっとこんなふうに昔話を持ち出しながら、静に怒りをぶつける夫をなだめ、為政者に必要な「あわれみの心」を、遠回しに伝えたのではないでしょうか。

そんな政子のとりなしのおかげで、頼朝は〝野暮な将軍〟という汚名を着せられずに済んだのです。相手に恥をかかせないように気を働かせながら、望ましい方向に導いていく――。この政子のあり方の中に、最高のパートナーシップを築くヒントが秘められているような気がします。

世界で輝く「なでしこ」

ピンチにも凜として、信じる道を歩んだ静御前。そしてその心情に寄り添うことで彼女の窮地を救い、夫の窮地をも救った北条政子。彼女たちが歴史上で果たした役割は異なりますが、まさにこの二人こそ日本史上に輝く〝なでしこ〟といえるでしょう。

そして彼女たちが示した美しさは、現代にも受け継がれています。

例えば、二〇〇六年トリノ五輪に出場した、フィギュアスケートの荒川静香《あらかわしずか》選手。彼女は得意とするイナバウアーが、ルール変更で加点対象から外れたことを知ります。しかし、あるコーチを訪ねた時、イナバウアーを入れるように助言されたのです。

「点数なんて関係ない。あなたがあなたでいるために、イナバウアーを入れなさい」

荒川選手はその言葉で自信を取り戻し、自分らしく演じきることを心に決めます。実力が拮抗《きっこう》する五輪の舞台では、自分らしさをどれだけ発揮し、どれだけ輝くことができたかでメダルの色が決まることを、きっとこのコーチは知っていたのでしょう。

そうして迎えた、五輪本番。優雅で美しく、凛とした強さを秘めた彼女の演技に、満員の観客は万雷の拍手を送りましたが、彼らが総立ちとなったのは、もちろんイナバウアーの場面でした。誰よりも自分らしく輝いた荒川選手は、フィギュアスケート史上、日本人女性として冬季五輪初の金メダルを獲得。それは、荒川選手のたゆまぬ努力の賜物であり、なでしこの輝きに世界が魅了された瞬間でもありました。

静御前や北条政子の内なる美しさは、数百年の時を超えて、今なお私たちの心に脈々と生き続けているのです。

これぞ、夫婦関係の妙――良妻賢母の鑑・前田まつ①

〝加賀百万石〟の礎を築いた夫婦

江戸時代に最大規模を誇った藩は、〝加賀百万石《かがひゃくまんごく》〟で有名な、北陸の加賀藩です。ここでは、この藩の礎《いしずえ》を築いた夫婦の実像に迫りながら、なぜそれほど大きな領地を二百六十五年の長きにわたって保てたのかを、紐解《ひもと》いてまいりましょう。

加賀藩の祖・前田利家《まえだとしいえ》は、上司からはかわいがられ、部下からも慕われた、人望の厚い武将でしたが、若いころは派手な身なりを好む〝かぶき者〟として知られ、短気で血気盛んなところもあったといわれています。

二十二歳のある日。織田信長《おだのぶなが》に仕《つか》えていた利家は、武士が髪を整える時に用いる笄《こうがい》を、同僚に盗まれてしまいます。当時、物を盗まれるというのは、武士にとって〝恥〟以外の何ものでもありませんでした。もちろん盗む人間が一番卑しいのですが、盗まれた側にも心に隙《すき》があったわけですから、武士は自分のうかつさを恥じたのです。

ですから、利家は武士の体面《たいめん》にかけて、犯人を討《う》ち果たしました。しかしそれは、主君・信長の許しを得たものではなかったため、利家は逆に信長の怒りを買い、追放されてしまうのです。

正室・まつとの間にはすでに子もいて、足掛け三年にも及ぶ浪人生活は、困窮《こんきゅう》の極みだったようです。それでも利家は、他家には仕えず、信長に忠義を尽くしました。密《ひそ》かに参戦した「桶狭間《おけはざま》の戦い」では一番首を取り、その後も武功を立てたことで、信長の信用を勝ち取り、忠臣《ちゅうしん》としての評価を高めていったのです。

やがて利家は、そこにいるだけで場の空気が安定し、周囲を勇気づける、そんな温かで気概ある武将に成長します。若いころは短気で血気盛んだった彼が、なぜこれほどの変貌《へんぼう》を遂げることができたのでしょうか。この背景には、妻・まつとの夫婦関係が影響しているのではないかと、私は考えています。

夫を出世させる

戦国武将といえば、正室の他に側室を何人も抱えるイメージがあるかと思いますが、それは利家も同じでした。

彼には五人の側室がいましたが、まつは、愚痴《ぐち》を吐いたり嫉妬《しっと》に狂ったりすることはなかったようです。あたかも肝っ玉母さんのように大らかに振る舞い、その器量の大きさで、前田家をまとめていったのです。

こうしたまつの内助の功があってこそ、利家は戦場で力を尽くすことができたのです。しかしまつは、ただ夫におとなしく従っているだけではありませんでした。

天正《てんしょう》十二（一五八四）年、勇将・佐々成政《さっさなりまさ》との戦が目前に迫り、佐々の圧倒的優勢がささやかれると、まつは利家が貯め込んだ金銀の革袋を手に、「この金銀に槍《やり》でも持たせて、戦いに行ったらどうですか！」と皮肉とともに投げつけました。

というのも、利家という人は、よく言えば倹約家、悪く言うと……ケチ（笑）。その吝嗇《りんしょく》ぶりは有名で、かねて利家の蓄財に対し、まつは「蓄財よりも、いざという時のために兵を養っては」と進言していたのです。戦の前にあわや夫婦喧嘩かという場面に、周囲はハラハラしましたが、まつの荒療治《あらりょうじ》が効いたのか、見事に前田家は勝利を収めたのです。

「家を潰してはなりません」

もう一つ、こんな話もあります。

江戸時代には「参勤交代」が制度化されましたが、これは、まつが晩年に加賀藩の人質として江戸で生活したことが発端です。

慶長《けいちょう》五（一六〇〇）年、秀吉も夫の利家も病死し、時の最大勢力となった徳川氏から謀反《むほん》の疑いをかけられた長男・利長《としなが》は、若き日の父のDNAを受け継いだのか、血気に逸《はや》り「打倒徳川」を掲げます。その後すぐに撤回したものの、徳川氏の疑いは晴れず、利長が潔白を証明するためには、人質を出さざるを得ない状況になりました。この時、まつは自《みずか》ら江戸行きを決断。その際に、利長にこう告げたのです。

「武家は家を守ることが重要なのだから、肩肘《かたひじ》張って家を潰《つぶ》してはなりません」

その後、前田家は天下分け目の〝関ヶ原の戦い〟で徳川方につき、その関係は改善されました。それでもまつは、十五年もの間、江戸に住み、帰郷したのは六十八歳の時でした。

正義感の強い前田家の男たちと、それを懐《ふところ》の深さで支え続けた、まつ。利家とまつの物語ほど、私たちに夫婦関係の妙《みょう》を教えてくれるものはないでしょう。二人の夫婦愛と共同作業の結晶が、〝加賀百万石〟の礎なのだろうと、私は感じています。

別れるつもりはありません――夏目漱石の妻・鏡子

漱石の優しさに触れて

古今東西を問わず、歴史上の偉人の妻が悪女だった、という話はよく聞きます。例えば、かの有名なソクラテスの妻や、明治の文豪・夏目漱石《なつめそうせき》の妻も、いわゆる〝悪《あく》妻《さい》〟とされています。

確かに、後世の人々からみれば、そう思われても仕方ない面もあるのですが、では当の漱石が鏡子《きょうこ》を〝悪妻〟と思っていたかというと、決してそんなことはありません。そこで、この項では、漱石の妻が本当に〝悪妻〟だったのか、彼女に代わってその汚名を返上したいと思います（笑）。

明治十（一八七七）年、貴族院（国会）議員の娘として生まれた鏡子は、裕福な家庭でのびのびと育ちました。十八歳の時、お見合いで漱石と結婚。早起きが苦手だった鏡子は、結婚当初、その寝坊ぐせを漱石に指摘されると、「眠いのを我慢して嫌々《いやいや》家事をするより、しっかり睡眠をとってよい心で家事をするほうが経済的ではありませんか」とケロッとして、臆せずに持論を展開したそうです。のちに、漱石の弟子たちが、こうしたやりとりを〝鏡子悪妻説〟の理由として挙げています。

そんな鏡子を、漱石はなぜ結婚相手に選んだのでしょうか。彼女は歯並びが悪かったのですが、それを気にも留めず、笑う時にも口を手で覆《おお》うことがなかったそうです。繊細《せんさい》な性格の漱石は、こういう鏡子の天真爛漫《てんしんらんまん》さに惹《ひ》かれたのでしょう。

その後、夫婦は子どもを授かりますが、残念ながら一人目は流産。その明るさで漱石を魅了した鏡子から、笑顔が消えてしまいます。流産のショックから立ち直れない鏡子は、やがて幻覚を見るようになり、ついに入水《じゅすい》自殺に及びます。

それは幸い未遂に終わり、鏡子は一命をとりとめましたが、漱石はそれ以来、自分の手首と鏡子の手首をひもでつないで寝るようになりました。「二度と自分のそばを離れないように」という思いを込めて――。そんな漱石の優しさもあり、彼女は少しずつ心を落ち着かせていったのです。

明治三十二（一八九九）年、待望の長女誕生。

安々《やすやす》と　海鼠《なまこ》の如《ごと》き　子を生めり

漱石の句です。なんともユニークですね。でもその裏には、身重《みおも》の妻を気づかう漱石の優しさが垣間《かいま》見られ、夫婦の絆《きずな》が感じられます。

「月がきれいですね」

彼らは生涯で七人の子宝に恵まれました。その二人目の妊娠中、第五高等学校（現在の熊本大学）で英語を教えていた漱石は、政府からイギリス留学を命じられます。ただでさえ神経質な彼ですから、生活習慣の異なる地での単身生活は、さぞ気苦労が多かったことでしょう。やがて漱石はノイローゼになり、英文学者としては挫折。帰国を余儀なくされます。

家族のもとに戻った漱石は、鏡子に対する暴言や暴力が、後を絶たなくなりました。それがエスカレートしたころ、鏡子は周囲から離婚を勧められます。もしこの時、彼女が離婚を選択しても、誰も責める者はいなかったでしょう。

しかし彼女は、流産の時に支えてくれた優しい夫を、忘れてはいなかったのです。「今度は私が支える番」「別れるつもりはありません」と、意思を曲げませんでした。揺るぎない鏡子の愛情が通じたのか、次第に漱石の心は安定してきました。そんなある日、迷い込んできた黒猫を夫婦は飼うことに……。その後、漱石がその猫になったつもりで書いたのが『吾輩《わがはい》は猫である』。この作品で漱石は文壇にデビューします。つまり鏡子の献身的な愛と不思議な猫との出会いが、文豪・夏目漱石を生んだのです。『坊つちゃん』や『こゝろ』など、漱石の小説は現代に読み継がれ、その作品は巧《たく》みな心理描写に定評があります。また、こんな逸話《いつわ》もあります。漱石が大学で英語を教えていたころ、「アイラブユー」の訳《やく》をめぐって、学生とこんなやりとりがありました。「我、君を愛す」と翻訳した学生に対し、「日本男児たる者、そんな言葉は使わん」と、漱石がたしなめたというのです。漱石の訳はなんともロマンティック。「あなたと一緒にいると、月がきれいですね」

こうしたエピソードから感じられるのは、日本語の奥ゆかしさを見事に表現する、漱石特有のナイーブな感性です。そしてそれは、鏡子という天真爛漫《らんまん》な妻がずっと寄り添っていたからこそ磨かれたものだと、思わずにはいられません。

外から見れば不釣合《ふつりあ》いな夫婦も、両人にすれば助け合い、補完し合って、相性抜群という場合もあるのかもしれません。そんな二人にしか分からない男女の妙味《みょうみ》を、私は漱石夫妻から感じ取っています。

わが衣手は露にぬれつつ――中大兄皇子の母・斉明天皇

斉明天皇崩御の地・朝倉

秋《あき》の田《た》の　かりほの庵《いほ》の　苫《とま》をあらみ　わが衣手《ころもで》は　露《つゆ》にぬれつつ

これは、百人一首の一番歌。この歌を詠《よ》んだのは、大化の改新で知られる中大兄皇子《なかのおおえのおうじ》、のちの天智天皇《てんじ》です。

およそ千三百六十年前、天智天皇のお母様でいらっしゃる斉明《さいめい》天皇が、九州の朝倉（現在の福岡県朝倉市）で崩御《ほうぎょ》なさいました。なぜ、飛鳥《あすか》の都《みやこ》から遠く離れたこの地で斉明天皇が亡くなったのかというと、当時の朝鮮半島情勢が大きく影響しています。

朝鮮半島では、百済《くだら》という国が隣国の新羅《しらぎ》に滅ぼされ、日本に助けを求めてきました。日本は百済と長年にわたって深い友好関係を結んできたので、時の斉明天皇は、百済の人々を気の毒に思われ、百済の復興を願い、朝鮮半島に出兵することを決意します。そのための前線基地が置かれたのが、朝倉だったのです。

六十八歳と当時としては高齢な上に、心労や長旅の疲れが重なったのでしょう。朝倉に着いておよそ二か月で、天皇は亡くなりました。

天智天皇の袖をぬらした涙

実はこの項の冒頭でご紹介した百人一首の一番歌は、ここ朝倉で詠まれたといわれています。もしそれが本当なら、天智天皇の袖《そで》をぬらした露とは、涙のことだったのかもしれませんね。

天智天皇の深い悲しみと、母宮《ははみや》へのかぎりない愛情が詰まった朝倉の地は、歴史上、幾度となく水害に見舞われてきました。山に囲まれ、水運に恵まれ、九州の各地につながる朝倉は、要害の地でありながら、万が一戦いに敗れたとしても、陣を払って落ち延びるのが容易でした。だからこそ斉明天皇は前線基地に選んだのでしょうが、その地形は、ひとたび大雨に襲われると、大洪水につながる危険性を孕《はら》んでいたのです。

朝倉は百人一首一番歌ゆかりの地として、毎年、百人一首の大会を開催してきました。平成二十九（二〇一七）年は、その年の七月に起こった水害の影響で、大会が中止となりましたが、翌年二月には〝復興大会〟が開催されています。朝倉の復興を心から祈るとともに、百人一首の大会の発展にも期待を寄せたいと思います。

優しさと強さと

さて、斉明天皇による朝鮮半島出兵に、時計の針を戻しましょう。海を渡った日本軍も不運に見舞われ、日本・百済連合軍は、唐《とう》・新羅連合軍に大敗を喫します。天智二（六六二）年のことでした。この戦いを〝白村江《はくすきのえ》の戦い〟といいます。斉明天皇は崩御《ほうぎょ》され、戦いにも敗れた日本は、大ピンチ。

もし唐の大軍が日本に侵攻すれば、国家存亡の危機となります。それに備えるため、九州北部に大野城《おおのじょう》という城が築かれ、水城《みずき》と呼ばれる堤防が造られました（現在も福岡県内には、ゆかりの地名が残っています）。さらに国境を守る兵士が、諸国から九州に続々と送られてきました。彼らを〝防人《さきもり》〟と呼びます。

防人の詠んだ歌が、日本最古の和歌集『万葉集』に数多く収録されていますが、この時期、ほぼ同時に『古事記』や『日本書紀』という歴史書や和歌集が編纂《へんさん》されたのは、決して偶然ではありません。そこには、古《いにしえ》の人々が未来の日本人に託した思いがあったのです。おそらく、絶体絶命のピンチに立たされた日本人が、これまでの歴史をまとめ上げ、和歌に込められた日本の心を明らかにすることで、それらを後世に継承するのだと心を一つにして、自国を守り抜こうとしたのでしょう。

『万葉集』を編纂した大伴家持《おおとものやかもち》は、優《すぐ》れた歌人であり、武門の誉《ほまれ》・大伴家を率《ひき》いる存在でもありました。彼は大君《おおきみ》（天皇）をお守りするという強い信念と、大伴家が没落していく中で襲われた孤独感や憂《うれ》い、そして大切な人々への溢れる思いなど、わが心を切々と詠み上げましたが、防人たちも心は一緒でした。家族との別れの辛《つら》さ、故郷に残してくる子への尽きぬ愛情、そして国を守るという気概。これらは表裏一体《ひょうりいったい》をなし、国難に立ち向かう男たちを支えたのです。

そして、その思いは、斉明天皇とて同じでした。家族を思い、民を慈《いつく》しみ、異国の民にまで愛情を注がれた斉明天皇。溢れるほどの優しさがあればこそ、強い意志を持って出兵に踏み切られたのでしょう。

斉明天皇の崩御と、それに続く白村江の戦いでの大敗――。先人たちが国難にどう立ち向かい、それを乗り越えていったのか。斉明天皇から孫娘・持統《じとう》天皇へと受け継がれたしなやかな強さを軸に、先人たちが紡《つむ》いだドラマを次の章でご紹介しますね。

静御前（生没年不詳）　平安時代から鎌倉時代にかけて名を馳《は》せた白拍子（歌舞を演じる女性）。才色兼備であり、平家討伐の立役者・源義経に舞姿《まいすがた》を見初《みそ》められて側室に。

北条政子（一一五七－一二二五）　鎌倉幕府を開いた源頼朝の正室。頼朝の死後に出家。〝鎌倉幕府の尼将軍〞の異名《いみょう》を持つ。夫と息子を失った静御前を哀れみ、多くの重宝《じゅうほう》を与えた。

前田まつ（一五四七－一六一七）　前田利家の従兄妹《いとこ》として生まれ、数え十二歳で利家に嫁ぐ。実子が十一人。利家の死後は出家して芳春院《ほうしゅんいん》を名乗る。享年七十一は、当時としては長命。

夏目鏡子（一八七七－一九六三）　医師であり、貴族院書記官長を務めた中根重一《なかねしげかず》の長女として生まれる。十八歳の時に夏目漱石と見合い結婚し、後に二男五女を育てる。漱石との二十年に及ぶ結婚生活について鏡子が語ったものが『漱石の思い出』として刊行されている。

斉明天皇（五九四－六六一）　日本の第三十五代、第三十七代天皇。天智天皇、天武《てんむ》天皇の母であり、推古《すいこ》天皇から一代おいて即位した女性天皇。

第三章

しなやかに、たくましく

春過ぎて夏きたるらし――日本建国の母・持統天皇

名歌に込めた平和への思い

オリンピックの時期になると、国を背負い、競《きそ》い合う代表選手の姿に、〝日本〟を意識する機会が増えますね。この日本という国のカタチが整ったのはいつごろか、そして、そこに女性リーダーの存在が深く関わっていたことを、知る人は多くありません。

前章でご紹介した斉明《さいめい》天皇は、歴史に残る二人の男子をお生みになりました。のちの天智《てんじ》天皇と天武《てんむ》天皇です。天智天皇の若き日の名は、中大兄皇子《なかのおおえのおうじ》。〝大化の改新〟を成し遂げたことで知られます。その娘・鸕野讃良《うののさらら》こと持統《じとう》天皇が、この項の主人公。

春過ぎて　夏きたるらし　白妙《しろたえ》の　衣《ころも》ほしたり　天《あま》の香具山《かぐやま》

『万葉集』に収められた彼女の歌は、あまりにも有名ですね。香具山に真っ白な着物が干される初夏の風景を、のびやかに歌い上げたと評されます。でも私は、そこに持統天皇の祈りを感じずにはいられません。

　斉明天皇から天智天皇の治世《ちせい》にかけて、わが国は白村江《はくすきのえ》の戦いで唐《とう》・新羅《しらぎ》連合軍に大敗を喫《きっ》しました。唐の侵攻を食い止めなければ、独立も危うい。〝国難〟といっても決して過言ではないこの危機的な状況下に現れたのが、大伴部博麻《おおともべのはかま》という人物です。

　白村江の戦いで捕虜《ほりょ》となり、唐の都・長安に送られた博麻は、唐の日本侵攻という驚愕《きょうがく》の噂《うわさ》を耳にします。このことを、なんとしても本国に知らせなくては……！　博麻はこの一心で、わが身を奴隷として売り、仲間の帰国資金を作りました。幸い唐は日本に侵攻せず、国家存亡の危機は回避されました。博麻と彼の志《こころざし》を受け継いだ者たちが、君臣《くんしん》一体となって国難に立ち向かう勇気を、人々に与えたからです。

　みなが心を一つにして、着々と守りを固めていきました。その堅《かた》い防備があったから、唐が日本を攻めることはなかったのです。

　博麻はおよそ三十年後、持統天皇の御世《みよ》に帰国を果たします。「春過ぎて……」の歌にある「白い着物を干す」という行為は、一説には夏祭りの準備を意味するといわれています。人々が夏祭りの準備に勤《いそ》しむことができるのは、平和だからこそです。

「国難を乗り越えた」という誇りと、「この平和がずっと続きますように」という祈りが、この持統天皇の名歌を生んだのではないでしょうか。

この国に確かな未来を

彼女の夫・大海人皇子《おおあまのおうじ》は、天智天皇崩御《ほうぎょ》の後、内乱（壬申《じんしん》の乱）に勝利し、天武天皇として即位。彼女は共同統治者として、天皇中心の政治を確立すべく邁進《まいしん》しました。夫の死後、持統天皇となった彼女は、かつて最も辛《つら》い時期を過ごし、夫婦の絆《きずな》を深めた吉野（現在の奈良県吉野町）の地を、三十回以上行幸《ぎょうこう》しています。さらに、彼女が夫のために造ったお墓は明日香《あすか》村にありますが、そこは、政治を司《つかさど》る大極殿《だいごくでん》の真南に位置します。つまり、彼女は常に夫に見守られながら、政治を執《と》り行《おこな》っていたことになります。きっと彼女は、夫亡き後も常に夫を思い、時に心を奮《ふる》い立たせ、国のために尽くしたのでしょう。

のちに彼女も同じ王墓に入りますが、夫婦が共に眠る天皇陵は極めて珍しいそうです。戦友として、同志として、そして最愛の夫婦として、二人を結ぶ確かな愛の姿が、そこに感じられますね。

持統天皇の素晴らしさは、夫のやり残したことをただ引き継ぐだけでなく、自分の思いも加え、大きく発展させたところにあります。唐の都・長安《ちょうあん》を模《も》した藤原京《ふじわらきょう》の建設、日本初の本格的な法典（大宝律令《たいほうりつりょう》）の制定など、夫婦の悲願である中央集権国家建設を着々と進めていきました。さらに天武天皇の御世に始まった史書《ししょ》の編纂《へんさん》事業は、『古事記』と『日本書紀』という、日本初の歴史書として花開くこととなります。

このようにして、今の日本につながる、国のカタチが整えられていったのです。

白村江の敗戦から三十九年後の七〇二年、遣唐使《けんとうし》が再開されました。遣唐使一行は、わが国が近代国家として生まれ変わったことを唐に認めてもらおうと、懸命に説明しますが、この時、公式の場で初めて用いられたのが「日本」という国号でした。「新しい国の名を世界にアピールし、国際社会と対等な付き合いを始めるのだ」という持統天皇の強い思いが、そこには込められていたのでしょう。

持統天皇は自身の死に際し、当時としては珍しい火葬を選びました。火葬はもともと仏教の儀式です。神仏習合《しんぶつしゅうごう》を推し進め、この国を一つにまとめ上げよう、そして煙となって大気に溶け込み、この国の行く末を見守り、平和を祈り続けよう。火葬の理由に思いを馳《は》せる時、そんな彼女の声が私には聞こえてくるのです。

内に秘めたる心の強さ
――慈悲深さの象徴・光明皇后②

泥沼で花を咲かせる

施薬院《せやくいん》や悲田院《ひでんいん》を設置し、病人や孤児、身寄りのない貧しい人々に救いの手を差し伸べられた、光明皇后《こうみょうこうごう》。仏さまをも感動させる慈悲深さを持つ一方で、ちまたでは黒い疑いをかけられていたということを、皆さまはご存じでしょうか。

それは彼女の置かれた立場に原因がありました。彼女の父親は藤原不比等《ふじわらのふひと》といい、「大化の改新」の立役者の一人、藤原（中臣《なかとみの》）鎌足《かまたり》の息子でした。藤原氏は平安時代に栄華《えいが》を極めた家柄ですが、その土台を築いたのが彼女の父親だったのです。

そんな当代きってのやり手政治家を父に持ち、皇族ではない藤原氏出身の彼女が皇后の座に就《つ》いたということで、その背後には陰謀があったのではないか、というのが噂の内容でした。

当時は現代とは風習が異なり、天皇には複数の后《きさき》がいて、その中から最上位者がただ一人、皇后に選ばれることになっていました。美貌《びぼう》と聡明さを併《あわ》せ持ち、一族の期待の星である彼女に、なんとしても皇后になってもらいたい……そういう思いを、父親や兄弟は当然持っていたでしょう。

彼女が皇后となり、彼女の生んだ子がのちに天皇となれば、藤原氏が絶大な権力を握れるからです。けれども当時は、皇后の位《くらい》に就けるのは皇族のみという不文律《ふぶんりつ》があり、それを理由に彼女の立后《りっこう》に反対する勢力がありました。

そうした中、その反対派の筆頭だった長屋王《ながやおう》が自害《じがい》。「長屋王を陥《おとし》れ、追い詰めたのが藤原一族ではないか」と、人々はささやきあいました。史実の裏で何が起こっていたのか、今となっては確かめる術《すべ》もありませんが、長屋王の死により反対派は縮小し、藤原氏が一気に勢力を広げた、というのは事実です。

こうして日本史上、初めて皇族以外からその地位に就《つ》いた光明皇后ですが、自分が関与したことではないにせよ、周囲で黒い噂があることは承知していたでしょう。

「悲田院」や「施薬院」などの設置といった慈善事業も、彼女が実家の評判を上げるためにやったという、うがった見方もあったほどです。そんな泥沼に身を置きながら、当の本人はどんな気持ちだったのでしょうか。

大らかに、堂々と

彼女の心情を綴った文献がないので、私たちは想像するしかないのですが、そんな噂にひるむような弱い女性ではなかったのではないかと、私はそんな思いで光明皇后を見ています。

彼女は聖武《しょうむ》天皇の崩御に際し、その遺愛《いあい》の品々を収めるために、のちに世界最古の博物館といわれる「正倉院《しょうそういん》」をつくります。そしてそこには、聖武天皇と光明皇后の書《しょ》が残されており、これがとても興味深いのです。

当時は毛筆ですから、特にそのように感じるのかもしれませんが、文字って、書いた方の人柄がうっすら透《す》けて見えるものだと思いませんか。お二人は能書家《のうしょか》としても知られていますから、その書には、それぞれの特徴がよく表れているような気がします。

お二人の書を比較すると、聖武天皇はとても繊細で上品な筆致《ひっち》ですが、光明皇后のそれは、実にのびやか。堂々としていて雄渾《ゆうこん》な印象で、悪びれたところやびくびくしている様子がありません。一画一画に迷いが感じられないのです。

実は、藤原氏と対立する長屋王が自害した時も、彼女は心を痛めていたといわれます。また、それより以前、幼いわが子を亡くすという痛ましい出来事を、彼女は経験していますそれらの悲しみや苦悩が、彼女に国母《こくも》としての覚悟を促《うなが》し、たくましい心を育《はぐく》んでいったのではないでしょうか。

そして、周囲でどんな噂が流され、どんな画策《かくさく》がなされていたとしても、皇后はあまり気になさらず、ただひたすら仏の教えに従い、聖武天皇と共に慈悲の心で国を導くことだけを考えていたのではないか、私はそんなふうに想像しています。

もし、世間の噂の中に真実があったとしたら、彼女の歩んだ道は、周囲の人間が意図的に仕組んだものといえます。けれども、たとえ他人の手によって敷かれたレールを歩いていたとしても、彼女は自分の置かれた場所で見事に咲き誇りました。濁《にご》った泥の中で、蓮《はす》が美しく花を咲かせるように……。

その輝きは本物であり、その価値は誰もおかすことなどできないのです。そんな大らかで堂々とした女性の美しさを、私は光明皇后から教えられています。

〝慈愛〟と〝賢さ〟を胸に——良妻賢母の鑑・前田まつ②

歴史の真実に触れて

幕末から明治維新にかけて時代を先導したのは、薩摩《さつま》や長州《ちょうしゅう》、土佐《とさ》などのいわゆる〝雄藩《ゆうはん》〟です。でも、石高《こくだか》でいえば、薩摩が七十三万石、長州が三十七万石、土佐が二十万石。それに対し、前田《まえだ》家の加賀《かが》藩は百万石です。石高は、経済力の指標という一面を持ちますから、なぜ幕末にもっと加賀藩が活躍しなかったのか、疑問に思う方もいらっしゃるのではないでしょうか。

「百万石という徳川に次ぐ力を持っていながら、幕末・維新という激動の時代に、加賀藩に期待していた武士は見あたらない。加賀藩はなんだか情けないなぁ」。実は、私も昔はそんな印象を抱いていました。

でも、それは歴史に埋もれた真実を知らなかったからで、加賀藩に代々伝わる〝慈愛〟や〝賢さ〟に触れた時、私は心から感動しました。その礎《いしずえ》ともなった、藩祖・利《とし》家《いえ》の正室であるまつのエピソードをご紹介したいと思います。

二百五十年以上続いた仕送り

時代は、徳川幕府成立前後――。利家とまつの四女・豪姫《ごうひめ》は、生後すぐに秀吉《ひでよし》夫妻の養女となり、やがて備前《びぜん》・美作《みまさか》（ともに現在の岡山県）を領する宇喜多秀家《うきたひでいえ》と結婚しますが、彼は関ヶ原の戦いで敗れ、息子たちと共に八丈島《はちじょうじま》に流されてしまいます。

不憫《ふびん》に思うまつは、娘婿《むすめむこ》や孫のために八丈島に数百俵もの米を届けるのですが、実はこの仕送りについて、幕府は加賀藩に「一年おきに七十俵まで」と制限を出していました。このころといえば、幕府に盾《たて》突く大名は次々に取り潰《つぶ》され、みなが幕府の威《い》光《こう》に息を潜《ひそ》めていた時代です。そんな男たちを尻目に、まつは半《なか》ば公然と幕府に背《そむ》いていたんですね。

関ヶ原の戦いが起こる直前、家康から謀反《むほん》の疑いをかけられた前田家は、まつが人質となり江戸で暮らすことで、徳川との融和を図りました。まつの江戸での暮らしは、十五年に及びましたが、その間まつには、断固とした思いがあったはずです。それは、「大切な人たちを、我が命に代えてでも守りぬく」という覚悟でした。愛娘《まなむすめ》を慈《いつく》しんでくれた娘婿と、その子どもたちに思う存分食べさせてやりたい――。まつの意を受けた前田家は、幕府が監視の目を光らせているにもかかわらず、そんな慈愛の支援物資を送り続けたのです。しかもその子孫への仕送りは、代々の加賀藩主にまっすぐに受け継がれ、明治に宇喜多家の戦争犯罪人の罪が解けるまで、実に二百五十年以上も続けられたといいます。

大切な存在に対する慈愛の心を、時代を超えて継承してきた加賀藩。その歴史には決して派手さはありませんが、幕末の動乱期に大きな功績を上げた薩摩、長州、土佐などに勝るとも劣らない、輝きを放っています。

一方で、加賀藩が生き残った背景には〝賢さ〟という一面もあるんですね。加賀藩は百万石という経済力を持ちながら、それを武力の充実には使おうとせず、工芸技術の発展に充《あ》てることで幕府に取り潰しの口実を与えませんでした。第一章でも述べましたが、加賀友禅《ゆうぜん》、金箔《きんぱく》、加賀仏壇、九谷焼《くたにやき》など、加賀の誇る伝統工芸品の数々は「大切な人を守るために生き抜くのだ」という、前田家の覚悟の表れだったのですね。

罪人になってしまった娘の家族に、代々にわたって仕送りを続けつつ、幕府への恭《きょう》順《じゅん》の姿勢も堅持《けんじ》する。この加賀藩の〝慈愛〟と〝賢さ〟の両立を思うたび、私はその根底にまつの存在を感じるのです。

しなやかで、したたか

ところで、加賀藩が二百五十年以上にもわたって仕送りを継続できたのは、ただの優しさからだけではありません。いくら相手を思いやる気持ちを持っていても、もし加賀藩の財政が破綻《はたん》してしまえば、仕送りは継続できないでしょう。飢饉《ききん》などで多くの藩が貧困にあえいだ江戸中期以降も、加賀から八丈島への仕送りを続けることができたのは、なぜでしょうか。

利家とまつは、青年時代に主君・織田信長に勘当《かんどう》され、二年間、貧困にあえぎました。その辛《つら》い経験があったからこそ、二人はお金の大切さをかみしめ、大大名《だい》となってからも家臣任《まか》せにせず、自《みずか》ら算盤《そろばん》をはじき、大事な決済を行っていったのです。

以前、『武士の家計簿』という映画がヒットしましたが、あの作品は加賀藩の実話がもとになっています。あのように算盤勘定に長《た》けた武士を正当に評価する加賀藩であったからこそ、財政破綻を免《まぬが》れ、慈愛の心を形に表せたのでしょう。

加賀藩が歴史の中で示してきた「慈愛」と「賢さ」。その裏には、幕府の勢力や時代の荒波に飲み込まれることなく、しなやかに、そしてしたたかに生き抜いてきた前田家の女性たちの、確かな意思が存在していたのです。

和歌に息づく〝日本の心〟
――表現力豊かな歌人・額田王①

今、台湾で静かなブーム

平成二十五（二〇一三）年に、台湾《たいわん》を訪れた時のことです。台湾が非常に親日的であるということは、皆さまもご存じかもしれませんが、現地の方々、特に八十代、九十代の方とお話をする中で、はっと気づかされたことがあります。

台湾で八十代以上といえば、戦前・戦中の日本統治を知る世代です。彼らの多くは日本の教育を受けたことを誇りに思い、「日本精神（台湾語で「リップンチェンシン」といいます）を次世代へ伝えることが、わが使命」と語っていらっしゃいました。台湾で、「あなたには日本精神があるね」と言われれば、それは最高のほめ言葉を意味します。「勤勉で、誠実で、親切で、責任感があって、自分の仕事に誇りを持っている。さらに自分のことだけでなく、みんなのことを考えられる。今のことだけでなく、次の世代のことまで考えられる。そういう人を〝日本精神のある人〟と呼ぶんだよ」と、大正十五（一九二六）年生まれとおっしゃるおばあちゃんは、私にそんなふうに教えてくれました。

では、日本精神を次世代に伝えるために、何をしたらいいのか。そうだ、日本精神を学ぶには和歌がいい。和歌こそ日本の心を表している――。これまでも台湾のおじいちゃん、おばあちゃんたちは「台湾歌壇《かだん》」という会で和歌や俳句を楽しんできましたが、近年は、そこに孫のような世代の若者も加わっているといいます。

和歌というのは、私たちが考えている以上に〝日本の宝〟なのかもしれませんね。中でも私は、今から約千三百年前に編纂《へんさん》された、現存する最古の和歌集『万葉集』に、その原点があると感じています。

例えば、『万葉集』以後の和歌は、愛《いと》しい人を「待つ」という情景に「松」をかけるなど、テクニックを駆使して、情感を巧《たく》みな変化球で表現しているものが多いのですが、『万葉集』は直球勝負なんです。〝直球勝負〟とはどういうことかを、額田王《ぬかたのおおきみ》の話に重ねてご紹介しますね。

情景と感情が伝わる歌

時は西暦七世紀、飛鳥時代です。

額田王は大海人皇子《おおあまのおうじ》（第四十代・天武天皇《てんむ》）の妻となり、女の子をもうけますが、のちにその兄である中大兄皇子《なかのおおえのおうじ》（第三十八代・天智天皇《てんじ》）の妻となった女性です。

ある日、彼女はこう歌います。

茜《あかね》さす　紫《むらさき》野行《のゆ》き　標野《しめの》行き　野守《のもり》は見《み》ずや　君《きみ》が袖振《そでふ》る

紫草《むらさきそう》の生《お》い茂《しげ》る標野（天皇の御料地《ごりょうち》）を行ったり来たりするあなた。そんなに袖を振って、野の番人に見咎《とが》められたらどうするのですか——。そんな意味です。

この時、額田王は中大兄皇子の妻ですが、前の夫である大海人皇子が、彼女に向かって袖を振っている、という状況なんですね。当時、男性が女性に向かって袖を振るのは、求愛のしぐさです。

その姿を野の番人（現在の夫）に見られやしないかと、ドキドキしているのです。ハラハラしながらもうれしさで心がざわめく、そんな乙女《おとめ》心が胸に迫ってきます。

でも、これを〝不倫の歌〟などと、早とちりしないでくださいね。そもそも天皇一行が標野を訪れたのは、薬草を摘《つ》むためでした。これは中国から伝わった風習で、いわば時代の先端をいく大人のピクニックです。その非日常の中で、宴席《えんせき》の余興《よきょう》として披露されたのがこの歌だといわれます。

二人が恋仲《こいなか》だったことは周知の事実であり、彼女自身、大海人皇子との関係に心の整理がついていたからこそ、乙女心を瑞々《みずみず》しく表現できたのではないでしょうか。

和歌の品格を保ちつつ、技巧《ぎこう》ではなく、情景と感情をまっすぐに表現する彼女の歌に、私は美しさを感じるのです。

和歌はのびやかに楽しむ

思い返せば、私がこうした〝和歌に息づく日本人の心〟に魅了されたのは、高校生のころでした。それまでの私は、周囲の目を気にして自己表現を控える日本人の生き方に、窮屈《きゅうくつ》さを感じていました。

私は母から「世間さまに迷惑がかかる」とか「長いものには巻かれなさい」なんて言われて育ったので、幼心《おさなごころ》にそれらの歌の真意をなかなか理解できず、日本人にいいイメージを持てなかったんですね。

けれども、高校の古文の先生に『万葉集』を教えていただき、額田王のように聡明《そうめい》で機転がきき、それでいて自分の気持ちをまっすぐに表現できる女性がいたことを知って、私は衝撃を受けました。のびやかに和歌を楽しみ、自己表現できる彼女たちのＤＮＡが、私にも宿っている――。そんな想像をしたら、窮屈だった視界が急に開け、日本人であることに誇りを持てるようになったのです。

ちなみに、額田王の和歌に対する大海人皇子の返歌はこうです。

紫のにほへ《（おえ）》る妹《いも》を　憎くあらば　人妻ゆゑ《（え）》に　我恋ひ《（い）》めやも

〝妹〟とは男性が愛する女性に対して使う時の呼称です。大海人皇子にとって額田王は、たとえ兄の妻となっても紫草のように美しい、永遠の女性だったのでしょうね。

〝和歌〟の〝和〟には、「こたえる」という意味があります。和歌を通して互いの心を通わせてきた日本人。その素晴らしさを私に教えてくれたのが、額田王であり、台湾のおじいちゃん、おばあちゃんだったのです。

兵を鼓舞する雄渾の歌
――表現力豊かな歌人・額田王②

〝さあ、今こそ出陣だ！〟

「古《いにしえ》の女性って、なんて伸びやかに自己表現していたんだろう」

万葉の歌人・額田王との出会いは、日本女性に対する私のイメージを、ガラリと変えてくれました。彼女の歌を口ずさむと、感性が解き放たれていくのを感じるのです。彼女は女性らしい恋愛の歌を鮮《あざ》やかに詠みあげる一方で、勇敢な、気概溢れる一面も持っていました。それが最も如実に表れているのが、この歌です。

熟田津《にきたつ》に　船乗《ふなの》りせむ(ん)と　月待《つきま》てば　潮《しお》もかなひ(い)ぬ　今《いま》は漕《こ》ぎ出《い》でな

（ここ熟田津に集《つど》う兵士たちよ、船出をしようと月を待てば、潮流もよい具合になってきた。さあ、今こそ出陣だ！）

前項の恋の歌とはうって変わって力強く、勢いがあり、雄渾《ゆうこん》な気迫みなぎる歌ですよね。

そもそもこの歌は、西暦七世紀に朝鮮半島に向けて日本軍が出陣した際に詠まれたものです。出陣までの経緯は、前章の斉明《さいめい》天皇の項で詳述しました。

隣国の新羅《しらぎ》に侵略された百済《くだら》は、長年、友好関係にあった日本に援軍を要請します。時の斉明天皇はこれに応じ、翌年、兵を朝鮮半島の白村江《はくすきのえ》に派遣すべく、九州に向かいました。その途中で滞在したのが熟田津、現在の愛媛県だったのです。この歌によって多くの兵士が鼓舞され、勇んで戦地へと赴《おもむ》いたことでしょう。

でもなぜ、乙女心を歌に乗せるようなロマンチックな額田王が、こんなにも勇敢な歌を詠《よ》んだのか。そんな疑問を抱く方もいらっしゃるのではないでしょうか。

一説には、額田王は皇室に出自を持っていたとされ、皇室に仕える歌人だったんですね。大海人皇子や中大兄皇子と恋仲になる前は、斉明天皇のおそばで代作歌を詠む立場にあったといわれています。

この時、斉明天皇は、老齢ともいえる六十八歳。船旅の疲れもあり、天皇に代わって出立《しゅったつ》の歌を披露したのが、額田王でした。白村江では、結果的に日本軍は大敗を喫《きっ》しましたが、この歌は彼女の最高傑作《けっさく》といわれ、『万葉集』の代表作の一つにも数えられます。

周囲の期待に応える達人

乙女心と、勇敢さと――。ともすると、まったくの別人が詠んだかのように思われる、この額田王の二面性に、私は彼女の女性としての魅力を感じます。

というのも、額田王はきっと〝周囲が自分に望んでいること〟をよく理解し、その期待に和歌という方法で応える達人だったのではないか、と想像できるからです。

大人のピクニックともいえる宴席で和歌を披露し、関係者を大いに喜ばせた彼女。老齢の統率者の代わりに、勇猛《ゆうもう》な兵士たちをいっそう鼓舞《こぶ》した彼女。日本女性は窮屈に生きていたという先入観があった私にとって、自分の役割を伸びやかに演じきった彼女の生き方は、〝憧れ《あこが》〟になりました。

彼女たちの持つ、たおやかな美しさを、そして日本女性として生を享《う》けた喜びを、私は多くの人に語りたい――。そんな気持ちが、日々、深まっています。

父親の期待を一身に背負って
――戦国最強軍の娘・立花誾千代①

もし立花軍が関ヶ原に間に合っていたら……

数年前、私はあるテレビ番組に呼ばれました。それは、全国各地の〝歴女〟が集《つど》う番組で、私は博多の歴女として出演したのです。

テーマは、「関ヶ原の戦いで西軍が勝つにはどうすればよかったのか」というもの。全国の歴女がさまざまな見解を披露する中、ゲストの歴史学の先生がことごとく論破していかれたんですね。そしてついに私の番が回ってきたので、「筑後《ちくご》の立花《たちばな》軍が関ヶ原に間に合っていれば、勝敗は分からなかったのでは？」と発言したのです。

現在の福岡県の柳川《やながわ》を治めていた立花家は、関ヶ原では西軍につきました。そして東軍に味方した大津城を攻め、見事に攻略します。ところが大津城引き渡しの日に、関ヶ原では東西両軍の主力がぶつかり合い、たった半日で西軍は敗れ去ってしまったのです。

東軍の大将・徳川家康《とくがわいえやす》が恐れ、「立花三千の兵は他家の一万に匹敵する」と、その強さを謳《うた》われた立花軍が、一日早く大津城を陥落《かんらく》させ、関ヶ原の本戦に間に合っていたら……。私はそうコメントしたんですね。すると、その歴史学の先生が身を乗り出し、私のコメントが終わるか終わらないかのうちに、こう叫ばれたんです。

「それです、西軍が勝てたかもしれない唯一の可能性は、そこなんです」

そんな戦国最強として名高い立花家の一人娘が、誾千代《ぎんちよ》です。彼女はその資質を認められ、わずか七歳で父親から城主に指名されました。この項では、そんな彼女の勇《ゆう》敢《かん》さを、そして第五章では、夫の宗茂《むねしげ》と育んだ夫婦愛についてご紹介いたします。

加藤清正が恐れた娘

誾千代はとても美しい女性だったといわれていますが、夫の留守中は武装して城を守るなど、男勝りな一面もあったようです。

例えば、こんな逸話があります。

加藤清正《かとうきよまさ》という武将をご存じでしょうか。秀吉の時代、小姓《こしょう》から大大名《だい》に出世した清正は、武勇の誉《ほまれ》れ高く、朝鮮出兵では、その豪傑《ごうけつ》ぶりが敵国にまで恐れられました。

その清正が、関ヶ原では東軍についたため、西軍の立花家が治める柳川を攻めようと、領国の熊本を出発しました。当時、誾千代は柳川城を出て宮永《みやなが》という地に居を構えていましたが、そこを通りかかる際、清正は家臣から次のように進言されます。

「この先には、地元民が忠誠を誓う立花家の娘がいます。わが軍が接近したとなれば、地元民は真っ先に抵抗を開始するでしょう」

それを聞いて清正はどうしたでしょうか。天下に比類なき豪傑として知られた清正でしたが、その清正があえて誾千代のいる地域を避けて進軍したのです。もし誾千代や彼女を慕う人々との間で一戦を交えることになれば、柳川城に到着する前に自軍が疲弊《ひへい》します。清正はそれを恐れたのでしょう。それほど誾千代は大名たちの間でも有名で、彼女も立花家も、地元民にとても敬愛されていたんですね。

今なお愛される親子

実は誾千代だけでなく、婿《むこ》養子である夫の宗茂も、戦国有数といっても過言ではない、勇敢な武将でした。秀吉はその武功と人徳を買い、地方大名の家臣の一人にすぎなかった彼を、直臣《じきしん》に取り立てたほどです。

さらに、彼女の父親である道雪《どうせつ》も卓越した人物でした。彼は若いころに雷に打たれて体が不自由だったのですが、輿《こし》に乗っては「この輿を敵の中心にかき入れよ」と威勢よく出陣し、その姿はまるで軍神のようだったといわれています。

そんな道雪の一人娘として生まれ、当時としては極めて異例の〝女城主〟に指名された誾千代。彼女の勇敢さの裏には「この子をなんとか後継者に」という父親の切なる願いを一身に受け、その期待に応《こた》えるべく、気丈に振る舞った部分もあるのではないでしょうか。

残念ながら、彼女は病によって三十四歳という若さでこの世を去ります。しかし、彼女の凜《りん》とした勇敢な生き方は、地元・柳川の人々によって語り継がれました。そして誾千代は宗茂・道雪と共に「三柱《みはしら》神社」に祀《まつ》られ、今もなお人々の敬愛を集めているのです。

ピンチのたびに成長するコツ

――明治日本の女性実業家・広岡浅子

「九転十起生」の人生

平成二十七（二〇一五）年に放送された、ＮＨＫ連続テレビ小説『あさが来た』。主人公・白岡《しらおか》あさの明るい生き方に注目が集まりました。あさのモデルとなったのは、女性実業家の広岡浅子《ひろおかあさこ》。彼女が誕生したのは嘉永二（一八四九）年、明治維新の二十年ほど前です。

彼女は京都の商家・三井家に生まれ、十七歳の時に大阪の両替商《りょうがえしょう》（現代でいう銀行）の次男と結婚。その後、幾多の困難に遭遇しながらも、事業家としての才能を開花させ、今も営業を続ける大同生命保険の設立や、日本の女子教育の先がけとなった日本女子大学の設立に、深く関わりました。

江戸・明治・大正という激動の時代を全力で駆け抜けた浅子。「七転び八起き」を超える「九転十起生《きゅうてんじゅっきせい》」を座右の銘とした彼女は、どんな人生を送ったのでしょうか。

天からのプレゼント

彼女の生涯をあらためて振り返る時、私が注目したいのは、自分に襲いかかるピンチや自分の弱点に対し、彼女がいつも正面から向き合い、すべてを成長の糧《かて》にしている点です。例えば、浅子が広岡家に嫁いで間もなく、両替商〝加島屋《かじまや》〟の経営者であり、一家の大黒柱である義父が亡くなります。それだけでも大きな激震ですが、時を同じくして、世間では明治維新という大きな社会変革が起こるのです。

当時三百ほどあった大名家のうち、そのおよそ三分の一にあたる百近い家に加島屋はお金を貸していましたから、大名家の取り潰《つぶ》しにより、莫大な不良債権が残ってしまいました。今の金額に換算すると、およそ四千五百億円もの不良債権を抱えてしまったといいますから、絶体絶命のピンチです。しかし、頼りの夫は穏やかな人で、義父のような絶対的なリーダーシップはありません。多くの同業者が没落していく中、浅子は立ち上がり、方々《ほうぼう》に頭を下げては資金集めに奔走《ほんそう》。結果、見事に難局を乗り越えていくのです。ピンチを真正面から受け止めるたくましさが、浅子にはあるんですね。

彼女は幼少時代からバイタリティ溢れる少女でしたが、その一方で、決して体が丈夫なタイプではなかったようです。でも、それも裏を返せば、体の弱い彼女だったからこそ〝生命保険〟という事業に参入し、成功に導くことができたともいえるでしょう。体が弱いという境遇を嘆くのではなく、むしろ前向きに、浅子はそれを生かしたのです。そういう意味では、降りかかるピンチや生まれ持った弱点というのは、天から授けられたプレゼントのようなものかもしれませんね。

大いなる存在への信頼

浅子は、あれだけの大実業家でありながら、遺言を残していません。周りの人には、「普段の私の言動を遺言だと思って」と伝えていたそうです。人生は、いつ何が起こるか分からない。だから浅子は「今日が人生最後の日になったとしても、悔《く》いがないように」という覚悟で、毎日を過ごしていたのでしょうね。私は浅子の人生について、持って生まれた力も大きかったと思いますが、それ以上に、彼女のそうした人生観が素晴らしいと思うんです。彼女の人生観を支えたものは、なんだったのでしょうか。

私たちは普段、何かを決心しても、困難や逆境に直面すると心がぐらつくことが多いですよね。なかには、途中で諦《あきら》めたり、やめたりしてしまうこともありますよね。

そんな時、「大丈夫、思い通りにはいっていないけど、きっとうまくはいっているはず」と思えれば、どれだけ心が軽くなるでしょう。

私は幼少期から、祖母に「どんな時もお天道様《てんとうさま》が見ているからね」と言われて育ちました。幼いころは、それを「誰が見ていなくても、お天道様は見ているんだから、悪いことはしてはいけない」という戒めの意味に捉えていたんですね。

でも、成長するに伴い、この祖母の言葉には、もう一つの意味があることに気づきました。「どんな時でも、お天道様が見守ってくれている。だから安心して自分の道を歩んでいきなさい」という励ましの意味です。そのことに気づいてから、私は人知を超えた大いなる存在に、なんとなく信頼を寄せるようになりました。それからというもの、たとえ思いどおりにいかなくても、「天が導いてくれるから大丈夫」と、いつも前向きで、安心していられるようになったんですね。

その点、広岡浅子のたくましさというのも、この大いなる存在への信頼から生まれているように感じるのです。思い通りにはいっていないけれど、大丈夫、きっとうまくいっている。そんなふうに思えたら、私たちも浅子の「九転十起生」のような、たくましくて魅力的な生き方ができるかもしれませんね。

もっと自由に表現していい
——日本的感性を広めた・清少納言

古典への目覚め

誰の人生にも忘れえぬ出会いがあると思います。先述したとおり、私にとって高校時代の古文の先生との出会いが、まさにそうでした。文法や言葉の解釈にとどまらず、「こんな時代背景があったから、この歌が生まれたんだよ」「この歌を詠《よ》んだ後、この歌人はこんな人生をたどっていったんだよ」と話が深まる授業は、まるでその時代にタイムスリップしたかのよう。

古典の面白さに心を奪われた私は、通学電車の中で貪《むさぼ》るように古典文学を読み始めました。その中で最も魅了されたのが、清少納言《せいしょうなごん》の随筆《ずいひつ》『枕草子《まくらのそうし》』。日常生活の何《なに》気《げ》ない一コマが、彼女の手にかかると、実に鮮やかに生き生きと動き出すのです。読んでいる私の感性まで解き放たれるような、不思議な感覚を抱きました。

「春はあけぼの」で始まる第一段は、あまりにも有名ですね。特に印象的なのが、

「冬はつとめて」のくだり。「冬は空気の澄んだ早朝がいい」。そんな彼女の感性に触れて、寒さが苦手な私も、冬の朝の凜《りん》とした空気が好きになりました。

古典に親しむと、個人の体験を超えた民族の記憶や懐かしさがこみ上げてきて、感性が豊かになりますね。

深い知性、豊かな感性

およそ千年の長きにわたって読み継がれ、日本人の感性に大きな影響を与えた『枕草子』。作者の清少納言は、平安貴族の歌人の家系で育ち、第六十六代・一条《いちじょう》天皇の后《きさき》である定子《ていし》に仕えました。とても美しく才知溢《あふ》れる定子を、清少納言は心から敬愛しました。そんな二人の関係性を象徴するような、素敵なエピソードがあります。

それはまだ寒さの残る、ある冬の早朝の出来事。部屋を閉め切って火鉢《ひばち》に群がる女官たちに、定子が声をかけました。「香炉峰《こうろほう》の雪はどうでしょうね」。

すると、それに呼応するように、清少納言が御簾《みす》をスヽッと高く巻き上げたのです。庭に降り積もった雪をご覧になった定子は、ニッコリ。まさに「冬はつとめて」という美意識が、二人の間で共有された瞬間でした。

実は、古い漢詩の一節に「香炉峰の雪は簾《すだれ》を撥《かか》げて看《み》る」とあります。当時の知識人なら、誰でもこの漢詩を諳《そら》んじることができました。当然、女官たちも知っていたはずです。でも彼女たちは、知識はあっても、定子がなぜこの話題を切り出したのか、その真意を見抜けなかったのです。明るい雪景色を、実際に見て味わいたい——それが定子のささやかな願いでした。そして、この感性を誰か分かち合える人はいるかしら——と、定子は香炉峰の雪を話題にしたのです。

そんな定子の思いを、清少納言は瞬時に察して、定子のささやかな願いを叶えました。定子を敬愛し、感性を共有できる彼女だからこそ、果たせたのでしょう。

彼女の機転に女官たちが感心する一方で、快く思わない人もいました。紫式部《むらさきしきぶ》は、日記に「得意顔をしてえらそうにした人」と、清少納言の悪口を書いています。女性は口を慎《つつし》み、目立たないのが美徳とされていた時代、清少納言の言動はそれに反すると映ったのかもしれませんね。

でも、それは誤解だと私は考えています。清少納言は、自分の才能をひけらかそうとしたのではなく、定子が喜んでくれたことが純粋にうれしくて、思わず筆を走らせたのではないでしょうか。

定子へのオマージュ

定子の父・藤原道隆《ふじわらのみちたか》が亡くなると、後ろ盾《だて》を失った定子は微妙な立場に立たされます。叔父である藤原道長《みちなが》は、定子を守るどころか、自分の娘を天皇の后にしました。そして聡明な天皇の気を引くため、娘に仕える女官の一人に紫式部を選んだのです。一条天皇は定子に変わらぬ愛情を注ぎましたが、結局、彼女は若くして亡くなります。

そんな定子への憧れと、尊敬と、心からの愛を込めて、清少納言は、定子と過ごした情緒豊かな日々を綴り続けました。定子の素晴らしい人となり、さらに深い知性と豊かで瑞々しい感性を綴《つづ》る時、彼女の筆致はひときわ冴《さ》え渡ります。

日本文学史に輝く『枕草子』は、まさに定子へのオマージュ（賛辞）。自《みずか》らが愛してやまない、ただ一人の存在のために心を込めて綴られた作品だからこそ、『枕草子』は多くの人の胸を打つのでしょう。

それにしても、およそ千年も前に、日本女性がこれほどまでに豊かな感性を生き生きと表現していたということに、私は感動を覚えます。現代に生きる私たちも、女性特有の豊かな感性を、もっと自由に表現する勇気を持ちたいものですね。

持統天皇（六四五－七〇二）　天智天皇の娘、天武天皇の皇后であり、第四十一代天皇。孫にあたる軽皇子（文武天皇）に譲位し、初の太上天皇として共に統治した。

額田王（生没年不詳）　『万葉集』初期の代表的歌人。大海人皇子（のちの天武天皇）の妻となるも、その後、中大兄皇子（のちの天智天皇、大海人皇子の実兄）の妻となる。

立花誾千代（一五六九－一六〇二）　筑後国（現在の福岡県南部地域）を治め、戦国最強と謳《うた》われた立花家の一人娘。立花家邸宅跡にある料亭旅館「御花」は観光名所になっている。

広岡浅子（一八四九－一九一九）　明治・大正期の実業家。京都の商家に生まれる。大阪の両替商に嫁いだ後、炭鉱事業や生命保険事業、大学運営に尽力。晩年は女子教育の普及に力を注いだ。一女の母。

清少納言（生没年不詳）　平安時代中期、第六十六代・一条天皇の后である定子に仕え『枕草子』等を執筆。歌人・清原元輔の娘。結婚歴があり、子どももいたとされる。実名は不明。

第四章

貫く

人生は照らし、照らされて
――本居宣長を輝かせた女性たち①・帆足京

はるばる肥後から松坂へ

数年前、本居宣長《もとおりのりなが》記念館（三重県松阪市）を訪れた時、私が福岡から来たと申し上げると、館長の吉田悦之《よしだよしゆき》さんが大変喜んでくださり、「九州ですか、熊本には帆足京《ほあしみさと》という少女がいましてね」と、京のお話をしてくださいました。

当時十五歳だった京は、国学者である父の長秋《ながあき》と共に、肥後（現在の熊本県）の山鹿《やまが》から伊勢松坂まで約八百キロを三十日もかけて歩き、宣長を訪ねました。出発したのが四月、帰郷は十一月ですから、さぞ大がかりな旅だったことでしょう。

宣長の代表作『古事記伝』は三十余年を費《つい》やした大著です。京親子が彼を訪ねたのは、その大著が完成した二年後のこと。二人の旅の目的は、宣長の謦咳《けいがい》に接し、その最新の研究成果である『古事記伝』を写本することにありました。

ここで私が胸を打たれるのは、向学心に燃える無名の少女に対し、宣長が現物を無償で貸し出したことです。その宣長の厚意に対し、京親子も真心で返します。二人は宿舎で筆写しながら、雨漏りの時には原本を抱え、大切に守り抜きました。

幸せなひと時

写本が完成すると、京は宣長への感謝の気持ちを和歌に込め、原本返却の際にその短冊を添えました。宣長記念館には、彼女の自筆の和歌二首がおさめられています。

埋《うず》もる丶(る)　玉のひかりを世の中に　みがきひろむる　いさをしぞ(お)思ふ
たまぼこの　正しき道を　しをりして　君がをしゆる(お)　ふみぞ尊き

どちらの歌も、宣長への深い敬意と、その宣長に師事できることの喜びと誇りに満ち溢れていますね。

京の文字は、父の長秋よりも正確で丁寧で、美しく、なんと宣長の字にそっくりでした。彼女の文字の美しさと和歌のでき栄えに感嘆《かんたん》した宣長は、その才能を褒《ほ》めたそうです。憧れの宣長に認められ、京は天にも昇る心地《ここち》だったでしょう。

いよいよ帰郷の日、彼女は「学問の道を明日からは誰《だれ》にお尋ねすればいいのでしょう」と、嘆《なげ》き悲しみました。宣長から教えを得られた幸せがあまりに大きかったので、その裏返しかもしれませんね。宣長にその才能を認められ、将来を嘱望《しょくぼう》された帆足京。しかし、彼女の生涯はあまりにも短いものでした。結婚後、父と夫の折り合いが悪くなると、彼女は夫と家を出て、親に勘当されたまま、長門《ながと》(現在の山口県)の地で三十一歳という若さで、この世を去るのです。

客観的には、幸薄《さちうす》い人生のようにも見える京ですが、私は決してそうは思いません。国学の道を宣長から教わることができ、さらに文字や和歌を褒めてもらえた。この一点だけは、彼女の胸の内に輝きを放ち続けていたと思いたいのです。

逆にいえば、宣長が日本史上に輝きを放ち続けているのは、京のような名もない市《し》井《せい》の門人がいたからです。確かに宣長の残した業績は、日本人の誉《ほま》れです。しかし彼を敬慕し、彼の業績を写本してまで世に広めたのは、京やその父親をはじめとする、名もなき門人たちなのです。

それは、『古事記』や『万葉集』『源氏物語』などの価値を宣長が再発見し、古人の業績を輝かせたことと同じように、素晴らしいことではないでしょうか。

パールネットワークの輝き

このことは、きっと私たちの人生にも当てはまります。つまり人間は「与える人」と「受け取る人」に二分されるのではなく、渾然一体《こんぜんいったい》となっているのです。宣長が古人を輝かせた一方で、京親子のような名もなき門人たちによって輝きを与えられたのと同様に、私たちも誰かに輝かせてもらいながら、同時に誰かを輝かせているのです。

そこに気づけば、人は真の謙虚さを持つことができるでしょう。自分は他者に何かを与えているんだと不遜《ふそん》になったり、逆に自分は受け取るだけで何もできないと、卑屈になったりする必要はないのです。真の謙虚さと周囲に対する感謝の念を持つことで、素敵な人間関係を育《はぐく》んでいきたいですね。

本居宣長記念館の吉田館長は、そんな人間関係の妙を「パールネットワーク」と表現なさいました。記念館がある三重県はパール（真珠）の産地ですからね。パールは一粒一粒も美しいですが、それが連なることで、互いの美しさを引き立て合い、輝きを増します。人間も互いに引き立て合いながら輝くものだということを、私は宣長や帆足京の足跡から教えてもらったのです。

女の道は一本道——徳川十三代将軍の妻・篤姫

徳川の人間として

平成十二（二〇〇〇）年代に放送されたNHK大河ドラマで、最も視聴率が高かったのは、『篤姫《あつひめ》』。ドラマの中で宮﨑《みやざき》あおいさん演じる篤姫が、十三代将軍・家定《いえさだ》の正室と決まった時、養育係の老女が命を賭《と》して、こんな名言を残しています。

「女の道は一本道にございます。定めに背《そむ》き、引き返すは恥にございます——」

実はこのセリフの真偽も、このような老女がいたかどうかも、史実としては定かではないのですが、私はこの言葉こそ、彼女の人生を象徴していると思えてなりません。

篤姫は、もともと薩摩《さつま》藩主の分家の娘でした。三代将軍・家光《いえみつ》以降、徳川将軍家は公家《くげ》出身の女性を正室に迎えてきましたが、彼女たちはあまり体が丈夫ではないのか、正室が跡継ぎをもうけたのは、二代将軍の妻・江《ごう》以外ありませんでした。家定自身が病弱だったこともあり、徳川家は世継ぎの誕生に期待して、健康な武家の娘・篤姫を迎え入れたのです。

その後、時代は激しく移り変わり、薩摩藩や長州《ちょうしゅう》藩などの雄藩《ゆうはん》が連携して〝倒幕〟を目ざすようになります。篤姫からすれば、自分が嫁《とつ》いだ家に、実家が攻め込んでくるわけです。実は、明治維新の時には篤姫の夫・家定はすでに亡くなっており、彼女には、故郷に戻るという選択肢もありました。それでも篤姫は江戸に残り、徳川の人間という立場を貫《つらぬ》きます。

その意志の強さは、まさに「女の道は一本道」に集約されると思うのです。

失業者のケア

近現代の日本にとって、明治維新は大変に大きな社会変革でした。薩摩藩や長州藩の志士たちが、その後の新しい日本を築く重要な任《にん》に就《つ》く一方で、かたや会津《あいづ》藩や越《えち》後長岡《ごながおか》藩といった、幕府方の藩に生まれ育った者たちは、冷遇を受けることとなりました。

しかし、それ以上に肩身が狭いのは、徳川家の家臣や大奥の女性たちです。徳川幕府の直轄領《ちょっかつりょう》である静岡には、職を失った者たちが溢《あふ》れかえっていました。そんな彼らの生活をなんとかしようと、幕府瓦解《がかい》の後始末《あとしまつ》に奔走《ほんそう》したのが勝海舟《かつかいしゅう》です。彼は失業者対策のために、静岡の気候風土に適したお茶の栽培を旧幕臣たちに奨励《みずか》しました。

そして海舟と連携して徳川家臣団を支えたのが、篤姫でした。彼女は自らの生活を切り詰めてまで、多くの女性たちに働き口を斡旋《あっせん》し続けます。海舟の回顧《かいこ》によれば、篤姫が四十七歳でこの世を去った時、所持金はたったの三円（現在の貨幣価値で約六万円）だったといわれます。

時代の流れを受けて、どの国にも社会変革が必要となる場合がありますが、社会が大きく変われば、立場が逆転して冷遇されるようになった人々が必ず現れます。彼らをどうケアするかは、その国に生きる人々の民族性に関わるのではないでしょうか。

新しい時代に、陽《ひ》の当たらない場所で暮らさざるを得ない人がいる——。勝海舟や篤姫は、自分の保身よりも、彼ら弱き者に対する〝惻隠《そくいん》の情《じょう》〟を大切にしました。その意味で、私は勝海舟や篤姫のような存在にこそ、日本人としての誇りを感じるのです。

〝生き方〟を遺《のこ》す

篤姫には実子はいませんでしたが、徳川宗家《そうけ》十六代を継いだ家達《いえさと》を、手塩にかけて育てました。彼は維新後、新政府の貴族院議長になり、大正時代にはワシントン会議で首席全権大使を務めるなど、要職を歴任。

他国なら、敗者の子孫が新時代の要職を務めることなどあり得ません。この一事をもってしても、明治維新が他国の革命とは一線を画《かく》すことは明らかですが、その明治維新の特異性を考慮したとしても、家達が、新時代に活躍するような人材になり得たのは、ひとえに篤姫の養育の賜物《たまもの》といえるでしょう。

さらに、篤姫のエピソードでどうしても触れたいのは、江戸城無血開城の場面で彼女がとった、涼《すず》やかな行動です。篤姫は大奥の女性を率いて城内を掃《は》き清め、磨き上げた状態で新政府軍に引き渡しました。「敵に明け渡すのだから、汚れた状態でもいいじゃないか」とは考えないのです。私はそこに、日本の一時代を牽引《けんいん》した徳川家の人間としての矜持《きょうじ》を、感じずにはいられません。

私が歴史物語に触れるたびに思うのは、〝美しい生き方〟を遺《のこ》した日本人がいかに多いかということ。美しい生き方を遺すことは、莫大な資産や強大な組織を遺すよりも、価値が高いと思います。そういう日本女性の系譜に私たちが連なっているということに、身の引き締まる思いがします。

異国の父に憧れて
――西洋医学を修めた日本初の女医・楠本イネ

差別と偏見の嵐の中で

ハーフタレントが人気のご時世《じせい》ですが、それはグローバルな時代性があればこそ。江戸時代は、外国人自体が珍しく、ましてや日本人とのハーフなんて、存在そのものが驚きだったことでしょう。そんな江戸という時代のただ中をたくましく生き抜いた、元祖ハーフ女子の代表が楠本《くすもと》イネです。

鎖国政策をとった徳川幕府が、西洋諸国の中で唯一、交易を認めた国がオランダです。文政六（一八二三）年、長崎・出島《でじま》のオランダ商館に、一人の医師が着任しました。幕末史に欠かせない、この人物の名はシーボルト。イネは彼の娘として生まれました。イネの母は日本人で、名を瀧《たき》といいます。

植物学者でもあったシーボルトは、可憐《かれん》な紫陽花《あじさい》の花に〝HYDRANGEA OTAKSA（ハイドランゲア・オタクサ）〟という学術名をつけるほど、瀧を深く愛しました。「お瀧さん」が〝オタクサ〟に。紫陽花には、こんなロマンスが秘められていたのですね。

ところが、親子三人の幸せな暮らしは、あっけなく終わりを告げます。シーボルトが禁制品の日本地図を海外に持ち出そうとして罪に問われ、国外追放となってしまったからです。世にいう〝シーボルト事件〟です。

この時、イネはわずか二歳。外国船打払令《うちはらいれい》が出て数年後という時期でもあり、そのハーフの顔立ちゆえに、イネは差別と偏見にさらされました。頼りの父と生き別れ、母娘はさぞ肩身の狭い思いをしたことでしょう。

待ち焦がれて三十年

そんなイネの希望の光、それは父・シーボルトへの〝憧《あこが》れ〟でした。いつの日か父に会いたい、そして話がしたい――。その一心で、イネはオランダ語を猛勉強し、美しい発音を身につけたのです。

シーボルトは国外追放の身ですから、そのまま一生会えない可能性すらありました。それでもイネは希望を捨てず、その日を待ち続けたのです。

およそ三十年、ついに運命の日が訪れます。日本の開国をきっかけに、国外追放が解かれ、シーボルトが再び来日したのです。念願の対面を果たす父娘——。再会の舞台は、短いけれど、親子水入らずで幸せな日々を過ごした、長崎でした。イネの心は、まるで初恋の人に再会するかのように、高鳴ったことでしょう。

ところが……！　イネは、父の発する言葉が理解できません。実は、シーボルトはドイツ人だったのです。東洋研究を志した彼は、かつて鎖国下の日本に入国するため、オランダ人と偽り、オランダ商館の医師として訪日を果たしていたのです。

父の訛《なま》ったオランダ語を聞き、イネは失望を隠せません。さらに父の隣には、見知らぬ少年が寄り添っていました。父が離日後にもうけた子、イネの異母《いぼ》弟です。三十年来の憧れは、一瞬にして崩れ去ったことでしょう。

けれども、この数奇な運命に翻弄された父娘をつなぐ、細い糸が存在しました。それは、〝医学〟です。シーボルトの私塾〝鳴滝塾《なるたきじゅく》〟で西洋医学を学んだ弟子たちが、師の忘れ形見であるイネを大切にし、医術を教えたのです。彼らの期待に応《こた》え、懸命に学ぶイネ。

のちに彼女は東京で開業し、その技術が高く評価されて、宮内省の御用掛《ごようがかり》にもなりました。「楠本イネ」の名は、西洋医学を本格的に学んだ初めての日本女性として、そして日本初の女性産科医として、歴史に刻まれることとなるのです。

父に会いたい一心で、孤高の人生に耐え続けた三十年という時間が、彼女を医学の道へといざなった——。そのことを思う時、私はそこに〝天命〟を感じ、彼女への愛《いと》おしさと感動で胸がいっぱいになるのです。

時代の扉をこじあけた先達たちへ

それから百数十年が経った今、私たち日本女性は、それぞれの事情を抱えながらも、住む場所や職業を自由に選び、社会に進出して能力を発揮することができています。上を見たらキリがありませんが、それだけでも十分に恵まれた環境といえるのではないでしょうか。

そこには、イネたちのように、思うに任《まか》せない時代環境の中で、差別や偏見などさまざまな壁に挑《いど》み、苦労した女性たちのたくさんの涙と汗がある——。そうした先《せん》達《だつ》へのリスペクトを、大和心《やまとごころ》の担《にな》い手である日本の女性は、忘れてはならないと思います。

徳を貫くこと――特攻の母・鳥濱トメ

特攻隊員の本当の遺書

もしも、明日で人生の最期《さいご》を迎えるとしたら、あなたは誰《だれ》に何を伝えたいですか？

今からおよそ八十年前、鹿児島・知覧《ちらん》に陸軍の飛行学校が開かれました。飛行兵を目ざし厳しい訓練に明け暮れるのは、まだあどけなさの残る十代の少年たち。時は流れ、戦局押し迫ると、ここ知覧から、爆弾を積んだ戦闘機に乗った若者たちが、沖縄へと飛び立っていきました。

知覧から〝特攻〟（特別攻撃隊）として出撃し、散華《さんげ》した若者の数は四百名を超えます。知覧の特攻平和会館に展示された彼らの遺書には、ふるさとの父母や家族への思いとともに、祖国を守りたいという強い使命感が綴《つづ》られていて、涙なしでは読めません。

けれども、これらはすべて事前に軍の検閲をパスしたもの、いわば公式の遺書。もちろん遺書に嘘《うそ》はありません。ただ特攻隊員は〝軍神〟ですから、死を前にした心模様をありのままに記すことは、許されなかった。せいぜい書けて「お母さん」なんですよね。でも特攻隊員はみな年ごろですから、好きな女の子だっていたはずです。書いてはいけない、けれど伝えたい思い。そんな禁じられた手紙を、彼らは、ある女性に託しました。鳥濱《とりはま》トメ、陸軍の指定食堂だった富屋《とみや》食堂の女主人です。

最期の思いを届けたい

「食べたいもの、なんでも作ってあげるよ」

親元を離れ、片時も気の休まらない日々に身を置く少年たちを、トメは温かく迎え、親身に世話をしました。そんなトメを母と慕《した》い、彼らは最期の手紙を託したのです。

彼らが出撃命令を受けたということは、軍の機密事項。トメが、預かった手紙を投《とう》函《かん》すれば、その機密事項が外部に漏《も》れ、スパイ行為と見なされます。見つかれば厳罰が科されるでしょう。しかし、トメは「あの子たちの最期の思いだから」と危険を顧《かえり》みず、手紙を投函し続けました。

戦後、トメは知覧に来る遺族のためにと、食堂の隣で旅館を始めます。食堂は現在、ホタル館富屋食堂として再現され、彼らが託した手紙の一部を見ることができます。

「特攻平和会館とホタル館富屋食堂、両方の遺書を見てくださいね」

知覧を訪れる人に、私は必ずそうお伝えしています。

決して忘れてはいけないこと

昭和二十（一九四五）年八月。知覧飛行場に残った最後の飛行機が燃やされると、トメは落ちていた棒杭《ぼうくい》を地面に立てました。

「さ、これが今日からあの人たちのお墓の代わりだよ」

その後、知覧町長に再三にわたり働きかけ、旧飛行場の一角に「特攻平和観音堂」の建立《こんりゅう》を実現します。それからは、観音詣《もうで》がトメの大切な日課となりました。亡くなる直前には、お孫さんにこう語っていたそうです。「私が行かなくても、知覧を訪れる人みんなが観音堂をお参りするようになった。だから私の使命は終わったんだよ」。

現在、ホタル館富屋食堂の館長を務めていらっしゃるトメさんの孫・鳥濱明久さんによると、トメさんは生前、こんな言葉も遺《のこ》していました。

「人には命よりも大事なものがある。それは徳を貫くこと――」

特攻によって戦局がひっくり返ることなどあり得ないと理解しながらも、生き残った者たちの手で祖国が再建されることを信じ、かけがえのない命を捧げた青年たち。彼らを支えたトメさんだからこそ、言える言葉なのかもしれませんね。

　かねて親交のあった作家の石原慎太郎《いしはらしんたろう》氏が、国務大臣となって富屋旅館を訪ねた時、トメさんは、おむすびにめざし、ふかし芋《いも》を用意したそうです。「これを食べて出撃していったあの子たちのことを忘れてはいけない」というメッセージが込められていました。「徳を貫《つらぬ》く」ということをトメさんは、身をもって示してくれたのです。

「人には、命よりも大事なものがある」というトメさんの真意を、私は「命に代えてでも守りたいものを持ちなさい」というメッセージと受け止めています。命に代えてでも守りたいものがあれば、人はそのために命を使うのですから、どうでもいいことには無駄死《むだじに》できなくなります。そして他の人たちに対しても、「大切なもののために命を使わせてあげたい」という思いが、自然とわき起こってくるはずです。

　つまり、命に代えてでも守りたいと思えるぐらい大切なものを持つことが、自分の命も、ひいては他者の命も慈《いつく》しむことにつながるのです。簡単に人を殺《あや》め、命が軽んじられる現代だからこそ、命に代えてでも守りたいものを持つことの尊さを、私たち大人は、勇気を持って伝える必要があるのではないでしょうか。

この愛のために乱世を生きる
――戦国の女城主・井伊直虎

戦国の乱世に咲いた女城主

大国に挟まれた弱小国が、苦難に耐え、知恵と人情で戦国乱世を生き抜いていく――。いかにも日本人が好みそうな物語ですが、さらにその領主が女性と聞けば、誰もが驚くのではないでしょうか。

平成二十九（二〇一七）年に放送されたNHKの大河ドラマの主役は、井伊直虎《いいなおとら》。とても猛々《たけだけ》しい名前ですが、女性だったといわれています。ドラマでは〝おとわ〟という名前で登場したので、ここでもその名で呼ぶことにしますね。

おとわは井伊谷《いいのや》城（静岡県浜松市）の城主・井伊直盛《なおもり》の一人娘。男子のいない直盛は、おとわの幼馴染《おさななじみ》である一族の少年・直親《なおちか》を娘婿《むこ》に迎え、家を継がせるつもりでした。

ところが、運命とは過酷なものです。

この縁組に不満を抱いた家臣の手で、直親の父が謀殺《ぼうさつ》されると、身の危険を感じた直親は逃亡、そのまま行方《ゆくえ》知れずに……。居場所はおろか、生死さえも分からない直親を、おとわは健気《けなげ》に待ち続けます。数年後、美しく成長したおとわに、別の男性との縁談が持ち上がりました。

その時、彼女は覚悟を決めます。愛する人と結婚できないのなら、いっそのこと生涯未婚のままでいようと、髪をおろして出家したのです。ところが……。

十一年という歳月を経て、直親が突如、帰国。おとわは、幼いころからただ一筋に思い続け、その帰りを待ち焦がれた直親と、ついに再会を果たしたのです。しかし、おとわはすでに出家の身、結婚は許されません。やがて直親は家臣の娘と結婚、待望の男子を授かりました。

その後、井伊家は不運に見舞われます。おとわの父・直盛に続き、直親までもが亡くなり、井伊家の命運は、直親の忘れ形見、まだあどけない二歳の虎松《とらまつ》の肩にのしかかりました。お家断絶の危機――。

その時、おとわが立ち上がるのです。おとわは還俗《げんぞく》し、虎松の後見人に。戦国乱世の生き残りをかけ、名も改めました。女城主〝井伊直虎〟の誕生です。

グッと思いを呑み込んで

直虎には、時代を読む天性の勘が備わっていたのか、井伊家が長らく仕えてきた今川氏ときっぱり縁を切り、松平氏（のちの徳川家康）への帰属を決めました。この彼女の潔《いさぎよ》さが、家運を切り拓《ひら》いていくのです。

直虎は、井伊家の舵取《かじと》りを巧《たく》みに行いながら、虎松を立派に育て上げました。もし戦国の世でなければ、彼女は直親と結ばれ、二人の間に授かった子に、井伊家の家督を相続させることができたでしょうに……。〝なさぬ仲〟の虎松を育て井伊家を託すことに、一人の女性として、抱えきれない複雑な思いがあったのではないでしょうか。けれども、さまざまな思いをグッと呑《の》み込み、大局的に物事を見て、冷静に対応できるのが、日本人の誇るべき美徳の一つ。その美徳を、彼女もまた貫いたのです。

時代をつくったパートナー

この彼女の思いに、虎松も見事に応《こた》えていきます。虎松は、のちに名を直政《なおまさ》と改め、徳川四天王の一人として勇名を馳《は》せました。そして近江（滋賀県）の彦根藩主となった井伊家は、井伊直弼《なおすけ》をはじめ五名の大老を輩出し、徳川二百六十五年の治世《ちせい》を、名実ともに支えていくのです。

そのすべてのきっかけをつくったのが、直虎でした。一説には、彼女が心を尽くして自《みずか》ら縫《ぬ》い上げた着物を虎松に着せ、鷹《たか》狩りに出た家康の目に留まるようにして、家康との劇的な出会いを演出したといわれています。デキるのに目立ちすぎず、あくまでさりげなく――。彼女の演出力は、女性として見習いたいところです。

名門・井伊家の一人娘として、覚悟を持って生き抜き、愛する人の忘れ形見を立派に育て上げた直虎と、彼女の思いを一身に受け、その恩に十二分に報い、歴史に確かな足跡を残した直政。お家再興という夢と、民を幸せにするという志《こころざし》がつまったタスキが、直虎から直政にリレーされ、見事に結実したのです。血のつながりこそありませんが、二人は、まさに最高のパートナーといえるでしょう。

ただし直虎は、その目で直政の活躍を見ることは叶《かな》いませんでした。彼女は、虎松少年が家康の寵臣《ちょうしん》となったのを見届けて、ほどなく亡くなったからです。

女城主・井伊直虎は、かつての婚約者・直親のお墓の隣に葬《ほうむ》られました。彼女は死をもって、その一途《いちず》な愛を成就《じょうじゅ》させたのです。純愛に捧げた美しく気高い生涯は、まさに日本女性〝なでしこ〟たる生き方といえるのではないでしょうか。

日本一の悪妻といわれて
――家族愛に生き抜く・日野富子

本当に悪女ですか?

源《みなもとの》頼朝《よりとも》の妻・北条政子《ほうじょうまさこ》、秀吉《ひでよし》の側室・淀殿《よどどの》、そして日野富子《ひのとみこ》――。彼女たちは〝日本三大悪女〟と呼ばれますが、その中でも、富子の評判はおそらくワースト1でしょう。室町幕府第八代将軍・足利義政《あしかがよしまさ》の正室として幕政《ばくせい》に介入し、空前絶後の内乱〝応仁《おうにん》の乱〟のきっかけをつくり、さらに窮乏《きゅうぼう》する民を尻目に、商才を発揮して莫大な遺産を築いたのですから。

けれども私は、そんな富子を、どうしても憎《にく》む気にはなれないのです。

妻として、母としての富子は、私たち現代女性にも相通《あいつう》ずるような悩みや問題を抱えていましたが、その対処のしかたが実にまずく、富子が歴史という舞台でリアルな反面教師を演じてくれたように感じられるからです。

時に理解され難い彼女の行動の裏には、常に家族への深い愛情がありました。

家族愛が裏目に――

富子は、足利将軍家と縁戚《えんせき》関係を持つ日野家の出身で、十六歳の時に、四歳上の義政に嫁ぎます。将軍の御台所《みだいどころ》の有力候補として、幼いころより大切に育てられたであろう、富子。しかし彼女に、いきなりの洗礼が――。夫の義政は、富子が正室として嫁ぐ前に、すでに何人もの側室を迎えていたのです。なかでも今参局《いままいりのつぼね》という年上の美女を寵愛《ちょうあい》する義政は、なんでも彼女の言いなりでした。

驚きと失望からスタートした結婚生活でしたが、どの側室も男子を授かっていなかったことが、富子にとって、せめてもの救いでした。富子は何がなんでも世継《よつ》ぎを産んで、一発逆転を狙いたいところ。四年後、ついに待望の男子が生まれました。

ところが――。その子は翌日、あっけなく亡くなってしまいます。やがてその死は、今参局の呪《のろ》いによるものとの風聞《ふうぶん》が広まり、今参局は失脚。あわせて他の側室四人も追放となりました。富子は母としての深い悲しみと引き換えに、義政のただ一人の妻という立場を手にしたのです。

しかし富子の不幸は、夫が将軍でありながら、その才覚も覚悟もないダメンズだったこと。将軍を退《しりぞ》き自由になりたい義政は、次の男子誕生を待ちきれず、仏門に入っていた実弟を還俗《げんぞく》させ、後継者としました。

ところが、皮肉にも翌年、富子は待望の男子・義尚《よしひさ》を出産します。わが子を跡取りにと願うのは、世の母の常。富子は愛息の将軍擁立《ようりつ》をもくろみ、義政の弟・義視《よしみ》との対立を深めていきます。そこに幕府の実力者同士の勢力争いなどが複雑に絡《から》み合い、応仁の乱が勃発《ぼっぱつ》するのです。

十年以上に及ぶ戦乱の果てに、京の都は灰燼《かいじん》と化《か》しました。

歴史の光と影

もし民を苦しめたくてこんなことをしたのなら、富子は正真正銘の悪女です。でも実際は、ただ純粋に家族の幸せを求め続けただけ。現代でも子どもを溺愛《できあい》するあまり、分別を欠いた行動に走る母親は多いもの。私たちは富子の轍《てつ》を踏まないように、自《みずか》らを戒《いまし》める必要がありますね。

それにしても、富子の行動は、あまりにもマイナスの影響が大きく、プラス面は何一つ残さなかったように感じられます。でも、実はそうではありません。歴史には陰もあれば、光もあるのです。

応仁の乱で都が焼け野原となった結果、華麗な王朝文化を育んだ公家が散《ち》り散《ぢ》りになって地方へ落ち延び、各地で薫《かお》り高い文化の花を咲かせました。全国に〝小京都〟と呼ばれる町が点在するのは、そのためです。それ以前の日本は、都と他の地域では、文化度において雲泥《うんでい》の差がありましたが、それ以後、国全体の文化度が飛躍的に向上していくのです。

そして富子の存在がもたらした、もう一つの輝ける果実。それは、私たち日本人にとって、とてつもなく大きな財産となった、侘《わ》び寂《さ》びの東山《ひがしやま》文化です。世界が憧《あこが》れる日本人の美意識は、義政なしには確立されませんでした。そして義政がこれだけ風流を極めることができたのも、富子の恵まれた商才と、それによって培《つちか》われた財力があってこそ。政治家としては最低ながら、文化人としては日本史上最高とも言える夫を支えたのは、富子の家族愛だったのです。

その存在がもたらしたインパクトの大きさは、彼女が持つ愛の深さゆえと感じるのは、私だけでしょうか。

千年の時を超える人間学の最高峰
——『源氏物語』を描いた・紫式部①

漢意から大和心へ

「西洋の女性が小説を書き始めたのは、せいぜい二、三百年前。でも日本の女性はすごいわね。千年も昔に、あんなに素晴らしい物語を書き上げた女性がいたなんて」旅先のオーストラリアで出会った、親日家の女性の言葉です。彼女がうっとりしながら語る千年前の女性とは、『源氏物語《げんじものがたり》』の作者・紫式部《むらさきしきぶ》です。

悠久《ゆうきゅう》の時を超え、さらに国境を越えて人々を魅了する、『源氏物語』。その根底に流れる「もののあはれ(わ)」こそが、日本文化の本質だと見抜いたのは、江戸時代を代表する国学者・本居宣長《もとおりのりなが》です。

宣長は、中国的な文化や考え方を尊ぶ「漢意《からごころ》」を脱ぎ去り、日本古来の「大和心」に立ち返ることを説きました。「漢意から大和心へ」——。これは、宣長の思いであり、同時に紫式部の思いでもあったのではないでしょうか。

「桐壺」を通して描こうとしたもの

五十四帖《ちょう》からなる『源氏物語』の第一巻は、「桐壺《きりつぼ》」。この巻の主人公・桐壺は、光《ひかる》源氏《げんじ》の母であり、時の帝《みかど》の寵愛を一身に受けた女性です。その書き出しはこうです。

いづれの御時《おおんとき》にか、女御《にょうご》・更衣《こうい》あまたさぶらひ(い)たまひ(い)ける中に、いとやむ(ん)ごとなき際《きわ》にはあらぬが、すぐれてときめきたまふ(もう)ありけり

帝のそば近くに仕える女性には、身分の高い順に〝女御《にょうご》〟と〝更衣《こうい》〟の区別がありました。桐壺は大納言《だいなごん》の娘ですから、本来〝女御〟となれる出自でしたが、後ろ盾《だて》となるべき父を亡くし、更衣の中でも末席の立場で宮中《きゅうちゅう》に出仕《しゅっし》します。

本来、帝の寝所《しんじょ》に侍《はべ》るのは、女御だけ。更衣は、その名が示すとおり、帝のお召し替えを手伝うのがもともとの役目で、更衣が帝のそば近くに仕えるのは、昼に限定されていました。つまり、更衣には、帝の寝所に侍る資格はなく、当時の社会制度上、桐壺は帝にとって愛してはいけない相手だったのです。

けれども帝は、毎晩のように桐壺更衣《きりつぼのこうい》を呼び寄せました。その愛の深さが、また

尋常《じんじょう》ではないのです。この冒頭の一文が、平安貴族たちにどれほどセンセーショナルに受け止められたか、想像がつきますよね。

ちなみに小説家が最も頭を悩ませるのは冒頭の一文だそうですが、このたった数行で読者の心を鷲掴《わしづか》みにし、五十四帖の最後まで離さない紫式部は、まさに天才ですね。

それにしても、なぜ紫式部は、この衝撃的な愛のカタチを、物語の発端《ほったん》となる冒頭で描こうとしたのでしょうか。実は、女御や更衣といった女官《にょかん》制度は、中国に倣《なら》って取り入れたもの。いわば漢意です。そんな制度の中に、男女の情が通い合う本当の愛はないということ、そして真実の愛に生きることがどれほど尊いかということを伝えるために、この桐壺の巻はあるのではないか。私にはそう思えてならないのです。

人を最も成長させるもの

帝の愛を独占する、桐壺更衣。面子《めんつ》を潰《つぶ》された女御たちは彼女を恨《うら》み、更衣たちも特別扱いされる彼女を妬《ねた》み、有形無形の嫌がらせや意地悪をし続けます。愛とは、時に人を傷つける、残酷なもの。誰かを愛すれば愛するほど、嫉妬《しっと》に苦しんだり、切なく思い悩んだりするのが人間です。

紫式部の凄《すご》みは、そうした愛憎《あいぞう》の場面を描きつつも、絶対的な悪人が登場しないこと。桐壺更衣を苛《いじ》めた人たちも、彼女たちの置かれた立場を考えると、それも致し方なかったのです。正義と悪という二元論では論じ切れない、人間の真実の姿をあぶり出し、描き上げたのが『源氏物語』です。これほど人間学を深く学ぶことのできる作品は、ほかにないでしょう。

作中で描かれる、さまざまな女性像の中で、私は桐壺更衣が一番好きです。可憐《かれん》で優しい彼女が、同時に驚くほどの強さを持っているところに、無性に惹《ひ》かれるのです。あれだけ苛められてもなお、彼女は帝への愛を貫《つらぬ》きます。まさに命懸《が》けの愛。その強さは、いったいどこから生まれたのでしょうか。それはきっと、彼女の生まれ持った資質に加え、帝の愛に応えたいという思いが、その強さを育んでいったのでしょう。

人間は心から愛し愛されることで成長できる。それが人生の醍醐味《だいごみ》の一つであり、紫式部が千年の時を超えて私たちに発した、大切なメッセージなのかもしれません。

太平洋を渡った明治のなでしこ
——女子教育の先駆者・津田梅子

わずか六歳の留学生

歴史上、わが国は何度も危機的状況に見舞われましたが、そのたびに日本人はチーム一丸となり、それぞれが置かれた場で精一杯のことを行い、ピンチを乗り越えてきました。中でも最大のピンチといえば、黒船来航から日清《にっしん》・日露《にちろ》戦争までの激動の時代ではなかったかと、私は思っています。

西欧列強の力に屈するのか、自主独立を貫くために力を養うのか。選択肢は二つに一つ。この時、先人たちが選んだのは、後者の道でした。そこで多くの若者が、最先端の技術や学問を身につけようと、決死の思いで世界に飛び立っていったのです。

「自分が一日怠ければ、日本の進歩が一日遅れる」——これは、ある留学生の言葉ですが、これと同じような記述が、多くの留学生の日記や手紙に見られます。これほどの強烈な使命感に駆られ、寝る間も惜《お》しみ勉学に勤《いそ》しんだ先人たちのおかげで、私たちは今、平和で豊かな暮らしを送っていられる。そのことを忘れてはいけませんね。そんな留学生の一人、津田梅子《つだうめこ》。明治四（一九七一）年、日本初の女子留学生の一人として、彼女は渡米します。満六歳、小さな体に、日本の国運という途方もなく大きなものを背負っての旅立ちでした。

もう、あと一日です

梅子は幕臣の娘。幕府瓦解《がかい》で職を失い、北海道開拓使の嘱託《しょくたく》となった梅子の父は、開拓使次官・黒田清隆《くろだきよたか》（のちの総理大臣）が企画した米国留学に梅子を応募させました。

時代の荒波が打ち寄せる中、旧幕臣の子として肩身の狭い人生を送るか、留学先で努力を重ね時代を切り拓《ひら》く存在になるか――。二者択一を迫られた時、父娘は、険《けわ》しくとも誇り高き道を選んだのです。その悲壮《ひそう》な覚悟は、日本の命運と重なりますね。

ワシントン郊外のランマン家に預けられた梅子は、英語、ピアノを学び、現地の学校に通い始めます。そこでラテン語や自然科学、芸術など最先端の教育を受けました。

「もうあと一日です。到着は目の前です。（中略）明日、私の人生の新しいページがめくられます。どうか、素晴らしいものでありますように！」

津田梅子、十一年ぶりの帰国。船上でアメリカの母に宛《あ》てた手紙からは、意気揚々《いきようよう》と帰国の途《と》に就く様子がうかがえます。

ところが、待っていたのは苦難の連続でした。頼みの黒田清隆は失脚し、政治生命を絶たれていました。さらに当時の日本社会には、女性が活躍できる場はほとんどありませんでした。その上、たいていの女性が十代で結婚した時代、梅子にも結婚の圧力がのしかかります。日常会話もままならないほど日本語能力が落ちていた梅子は、さぞ孤独を感じたことでしょう。

しかし、そうした逆境の中で、彼女は夢の実現への思いをいっそう募《つの》らせていきます。それは、女性のための学校開設という、明治のなでしこの悲願でもありました。

女子教育の夜明け

梅子は、一度は華族女学校で教職に就《つ》くも、教育方針に満足できず、再度アメリカへ留学。ここで質の高い少人数教育を受けた経験が、理想の教育観を育《はぐく》みました。

明治三十三（一九〇〇）年、ついに梅子はその理想を実現すべく、〝女子英学塾〟（のちの津田塾大学）を開きます。独自の教育方針を守るため、第三者の資金援助は極力受けず、校長の梅子自《みずか》ら無報酬を貫きました。一方で、先進的な超スパルタ授業についていけず、退学者が続出。そうした数々のピンチを救ったのは、初の女子留学生として異国で苦楽を共にした仲間や、志を同じくする女性たちの有形無形の応援でした。

「イギリスも四十年ほど前は同じでしたよ。女性の自立のための道が切り拓かれれば、きっと日本は変わるでしょう」。これは、女子英学塾創設の二年前に、ナイチンゲールから贈られた言葉。なんと梅子は、ヘレン・ケラーやナイチンゲールとも交流を持っていました。日本の女子教育は、国境を超えて多くの女性に支えられ、その夜明けを迎えることができたのですね。

最後に、現代にも通じる、梅子のメッセージをご紹介しますね。

「先生をするのであれ、主婦になるのであれ、どのような方面の仕事をするのであれ、高尚な生活を送るように努力してください」

梅子は、いたずらに女性のキャリアを主張したわけではないのですね。生き方は、人それぞれ。ただどんな道を歩もうとも、権利向上を求める前に、女性自身が周囲に尊敬されるように人間性を高めなければならない――。女子教育の先駆者が、このようにしなやかな強さを持っていたことに、私は深い感銘を受けるのです。

戦国の民のバイタリティ――女性芸能の母・出雲阿国

激動時代に現れた新星

光の当て方を少し変えるだけで、違う世界が見えてくる――。歴史にはそんな面白さがありますね。昭和五十三（一九七八）年に放送されたNHK大河ドラマ『黄金《おうごん》の日日《ひび》』は、私の戦国時代に対するイメージをガラッと変えてくれました。ドラマの主人公は、堺《さかい》の豪商・呂宋助左衛門《るそんすけざえもん》（ドラマでは納屋《なや》助左衛門という名前で登場）。なんと戦国の英雄・信長も秀吉も、ここでは脇役なんです。

それまで武士の活躍を描いた作品しか知らなかった私は、国内の戦乱を尻目《しりめ》に、万里の波濤《はとう》を越えて海外に進出し、経済を動かすエネルギッシュな商人たちの姿に、そして自由を愛する彼らの自主独立の気概に、胸が熱くなりました。戦国時代とは、地から沸《わ》きあがるようなバイタリティに、民が突き動かされた時代でもあったんですね。

そんな時代を象徴するなでしこの一人が、女性芸能の始祖である、出雲阿国《いずものおくに》です。阿国は、「歌舞伎《かぶき》」のもととなった〝かぶき踊り〟の創始者として知られ、その演技は人々の心を魅了しましたが、彼女の真骨頂《しんこっちょう》は、単なる〝役者＝表現者〟の域を超えたところにありました。それまで役者といえば男性ばかりだった時代に、女性が男性を演じるという前例のないチャレンジをし、見事に成功させ、現代芸術の一つの型を作ったのですから。彼女はまさに当代随一の売れっ子アーティストであり、名プロデューサーでもあったのです。

さらに、阿国の存在意義はもっと深いところにあり、それは、現代に生きる私たちにも通じています。もともと歌舞伎とは「かぶく（傾く）」からきており、単にファッションや形にとどまらず、時代への挑戦や斬新《ざんしん》な発想といった〝精神性〟が源になっています。その精神の象徴こそが、出雲阿国といえるでしょう。

女性は元始の太陽

戦国から安土桃山時代にかけて、男たちは自分の正義をかざし、覇権《はけん》を争いました。正義と正義がぶつかりあい、折り合いがつかなければ、あとは戦うしかありません。そんな時代に、なぜ阿国は活躍することができたのでしょうか。

「元始、女性は太陽だった」とは、大正・昭和期に活躍した婦人運動家・平塚《ひらつか》らいてう（らいちょう）の言葉ですが、私は女性とは〝命を生み育《はぐく》む性《せい》〟だと思っています。男たちの正義と正義が衝突し合う戦国の世にあって、女性は、いい悪いを超越したところで物事を捉《とら》え、感じ、受け止めることができたのではないでしょうか。阿国の、そういう女性ならではの感性が時代に息吹を吹き込み、新たな文化を育んだのでしょう。

そんな阿国を、私は、天照大神《あまてらすおおみかみ》の天岩戸《あまのいわと》の神話に登場する〝アメノウズメ〟の生まれ変わりのように感じるんです。日本では神話の世界から、女性は芸能に秀《ひい》で、膠《こう》着《ちゃく》した状況を打開し、光を与える役割を担《にな》ってきました。

最近は、勉強でもスポーツでも、スーパーチルドレンが脚光を浴びていますが、スポーツ界では、父親が子どもの才能を引き出すケースが多いのに対し、芸能は、圧倒的に母親の影響力が大きいそうです。アメノウズメや阿国に通じる何かが、女性の中に脈々と受け継がれているのかもしれませんね。

自分の可能性に光を当てる

以前、京都の、とある温泉旅館で素敵な女将《おかみ》に出会いました。心尽くしのお料理に添えられた、愛らしい手描《が》きのイラスト。季節感溢れるその絵は、女将自《みず》らが描いたものでしたが、その絵にまつわる秘密を、女将が明かしてくれました。

「私は絵を描くのが苦手でしたが、白駒さんの本を読んでから、私自身は大したことでなくても、私の遺伝子はすごいんだって思えるようになったんです。人間は何度も生まれ変わるといいますが、かつて私は絵が得意で、画家をしていたことがあったかもしれません。だから〝画家の私よ、出てこーい！〟と念じて描きました」

時代の制約や前例を打破し、芸能という自分の得意分野で真っ向勝負を挑《いど》んだ出雲阿国。その過程で、きっと彼女は、自分の中に宿っている芸能の神性のようなものを呼び起こしたのだと思います。この女将と同じように……。

私たちは気づいていないだけで、誰もが素晴らしい可能性を秘めています。ないものを数えるより、今ある命に感謝し、天から授かった才能を最大限に活用して、世のお役に立とうと思えた時、見えない力に後押しされて、その可能性の花が咲き始めるのではないでしょうか。

自らの命を輝かせ、芸能の分野で新しい時代を切り拓いた出雲阿国からのメッセージを、私はそんなふうに読み解いています。

盛時には驕らず衰時には悲しまず
――清盛の妻・平 時子

平家にあらずんば人にあらず

本州と九州を隔《へだ》てる関門《かんもん》海峡。この海門を見守るような位置に、赤間《あかま》神宮が鎮座《ちんざ》しています。白壁に朱塗《しゅぬり》の楼門《ろうもん》が青空に映《は》え、その美しさは、まるで竜宮城《りゅうぐうじょう》のよう。なぜこの地に、このようなお社《やしろ》が創建されたのでしょうか。そこには、この海を舞台に繰り広げられた、平家《へいけ》にまつわる悲しい物語がありました。

時は平安時代、貴族に仕《つか》える武士の存在感が増し、源氏と平氏の二大勢力が形作られると、その中から、優《すぐ》れた政治手腕を発揮する者が台頭してきました。その筆頭が、平 清盛《たいらのきよもり》。貴族にしか許されなかった太政《だいじょう》大臣に、武士として初めて任じられたのが清盛です。日宋《にっそう》貿易で経済の基盤を整え、貴族政治を打破して武家政権を立ち上げることで、時代を切り拓《ひら》きました。

さらに清盛は、娘の徳子を入内《じゅだい》させることに成功。徳子の生んだ男子が、わずか数え三歳で安徳《あんとく》天皇として即位すると、天皇の外祖父として影響力を強めていきました。「平家にあらずんば人にあらず」という言葉に象徴されるほど、清盛を頂点とした平氏一門は、栄華を極めます。その清盛を支え、二人三脚で平氏の世を築くとともに、その幕引きを自ら行ったのが、妻の時子《ときこ》です。

浪の下にも都の候ぞ

平家の栄華に翳《かげ》りが見え始めたのは、清盛の晩年ですが、彼の死をもって、一族の没落は加速していきます。寿永《じゅえい》二（一一八三）年、ついに平氏は安徳天皇と三種の神器を奉《ほう》じ、京の都を捨て、西国《さいごく》に逃《のが》れます。敗戦に次ぐ、敗戦。そして翌年、壇ノ浦《だんのうら》（現在の山口県下関市）で迎えた、源氏との最終決戦――。

序盤は戦いを優勢に進めた平氏でしたが、源氏の指揮官・義経《よしつね》に、非戦闘員である水夫を狙われ、寝返りにも遭《あ》い、壊滅《かいめつ》状態に……。敗北を悟《さと》った平氏一門は、次々に海へ身を投じたといわれています。

清盛亡き後、一族の精神的支柱となっていた時子は、この時どうしたのでしょうか。総大将の知盛《とももり》が、母の時子に戦況を告げると、時子は安徳天皇を抱き上げ、宝剣を腰にさしました。安徳天皇はこの時数え八歳、まだあどけなさの残る年齢です。「どこへ行くの？」と不安げに仰《あお》ぎ見る、愛《いと》おしい孫。「浪《なみ》の下にも都の候《そうろう》ぞ」と、その愛《いと》しさ溢れる孫に時子は優しく語りかけ、共に海の藻屑《もくず》と消えたのです。

安徳天皇を祀《まつ》る赤間神宮が竜宮城のような外観になったのは、この時子の最期の言葉に由来します。皇室史上、最も幼くして崩御《ほうぎょ》された安徳天皇が、「大好きなおばあちゃまと一緒に、浪の下の都でどうか幸せに暮らせますように」という、後世の人々の切なる祈りが、そこには込められているのですね。

祖母から孫へ

地球に生きる、人間以外のあらゆる生物は、子を産むか、あるいは育て終わると命を終えます。なのに、なぜ人間だけは、その後も生き続けるのでしょうか。

九州大学名誉教授で医学博士の井口《いのくち》 潔《きよし》先生は、人間には、子育てのほかに大切な役割があるとおっしゃいます。それは、知恵や文化や歴史を孫の世代に伝えること。その役割を果たすために、人間は、子育てが終わっても生き長らえるのではないか、と。

井口先生によると、人間の脳は、十歳ぐらいまでは、感性を司《つかさど》る大脳辺縁系《だいのうへんえんけい》が主に発達しますが、その後は知性を司る大脳新皮質《しんひしつ》の発達が促《うなが》され、五十代以降は再び感性優位に戻るそうです。感性で生きている者同士、孫世代と祖父母の世代のつながりは理想的であり、だからこそ知恵や文化や歴史の伝承が果たされていくのでしょうね。盛時《せいじ》には驕《おご》らず、衰時《すいじ》には悲しまず、凛《りん》とした生きざまを貫《つらぬ》き、周囲に愛を注ぎ続けた時子。彼女は、最愛の孫の短い人生をも温かく包み込み、身をもって平家の誇りを伝えたのです。だからこそ安徳天皇は、わずか八歳という年齢でありながら、自分の運命を潔《いさぎよ》く受け入れることができたのでしょう。

お母さんの「か」は、「日」を意味します。つまりお母さんとは、〝太陽のような人〟という意味なのです。家庭の太陽である母親が、歳月を重ねておばあちゃんとなり、人間が生きる上で大切なことを孫に伝えていく――。私たち女性は、なんと崇《すう》高《こう》な役割を持って生まれてきたのでしょう。

折しも平成三十（二〇一八）年は、清盛生誕から九百年という節目の年。その妻・時子から母として、祖母として、女性がいかに生きるべきかを学んでいきたいですね。

帆足 京（一七八七−一八一七）　肥後国鹿本郡（現在の熊本県山鹿市）の神職・帆足長秋の娘。父と共に本居宣長の門下生となり、十五歳で松坂へ遊学。帰郷後は結婚相手と家を出て、三十一歳で生涯を閉じる。

篤姫（一八三六−一八八三）　薩摩藩主の分家に生まれ、二十一歳で徳川十三代将軍・家定の正室に。二年後に家定と死別し、それ以後は天璋院《てんしょういん》と称す。新政府軍に敗れた後は大奥の解体に尽力。

楠本イネ（一八二七−一九〇三）　長崎出身。明治初期に日本で初めて本格的な西洋医学を学んだ女性産科医。医師・シーボルトの娘。のちに上京し、宮中の産科医となった。

鳥濱トメ（一九〇二−一九九二）　戦前から鹿児島・知覧で食堂を営み、多くの特攻隊員の面倒をみて、〝特攻の母〟と呼ばれた。亡くなった特攻隊員のための観音詣は、八十九歳で亡くなるまで続けられた。

井伊直虎（?−一五八二）　戦国時代から安土桃山時代にかけての女領主。のちに徳川家の重臣となる井伊直政を育て上げ、井伊家の再興に貢献した。

日野富子（一四四〇−一四九六）　室町幕府八代将軍・足利義政の正室にして、九代将軍・義尚の母。

紫式部（生没年不詳）平安時代中期の女性作家、歌人。藤原宣孝《のぶたか》に嫁ぎ、一女を生んだ。

津田梅子（一八六四−一九二九）　日本における女子教育の先駆者であり、津田塾大学の創立者。

出雲阿国（生没年不詳）　安土桃山時代の女性芸能者。一説には、出雲大社の巫女から大社勧進のため諸国を巡回したところ、評判になったとされる。〝かぶき踊り〟の創始者として知られる。

平 時子（一一二六−一一八五）　平清盛の妻。清盛没後、剃髪《ていはつ》して二位の尼と称される。壇ノ浦の戦いで、安徳天皇を抱いて入水《じゅすい》した。

第五章

支える

自己犠牲の夫婦愛——戦国最強軍の娘・立花誾千代②

送りバントにみる日本人の精神

かつてプロ野球の阪神タイガースの名選手としてならし、その後は同球団の監督も務められた吉田義男《よしだよしお》さん。彼のインタビュー映像を見て、私は驚いたことがあります。吉田さんは阪神タイガースを退団された後、フランスの代表チームを率《ひき》いた経験があります。それについて、「フランス人に野球を教える上で一番難しかったことは?」と問われたのですが、吉田さんの答えが、あまりに意外だったのです。吉田さんは、即座にこうお答えになりました。

「送りバントです。送りバントを教えるのに、三年かかりました」

自《みずか》らがアウトになる代わりに、味方を進塁《しんるい》させる送りバント。フランス人にとっては、その技術が難しいのではなく、その精神性が理解できないのです。実際、吉田さんは、選手たちから「自分がアウトになることが分かっていながら、なぜバントをしなければいけないのですか?」と何度も訊《き》かれたそうです。送りバントに象徴される自己犠牲の精神を理解するのに、フランス人は三年もかかったんですね。

対照的に、日本人は多くの場合、たとえ四番打者でも、チームのためなら喜んで送りバントをします。この吉田さんのインタビューを聞いて、私は、あらためて日本人は自己犠牲の精神に富んだ民族だと感じました。そしてこの精神性が、歴史の中で、実に多くの日本人によって体現されてきたことに思いを馳《は》せたのです。

その一人が、第三章でもご紹介した立花誾千代《たちばなぎんちよ》です。

別居を決めた理由

立花家の一人娘・誾千代は、宗茂《むねしげ》を婿《むこ》養子として迎えますが、父・道雪《どうせつ》の死後、夫婦はほどなく別居します。二人の性格が似すぎていたとか、側室を持った宗茂に彼女が激怒したなど、別居の理由にはさまざまな説がありますが、どれも夫婦が不仲だったという点で、一致しています。

しかし私は、誾千代はむしろ宗茂を愛していて、別居こそが彼女の愛のカタチだったのではないかと思うのです。宗茂・誾千代の夫婦には子どもがありませんでした。婿養子の宗茂は、本来なら側室を持ってでも家を栄えさせなければなりません。そんな宗茂を慮《おもんぱか》って、誾千代が身を引いたのではないでしょうか。

その根拠は、柳川《やながわ》にある〝三柱《みはしら》神社〟の存在です。ここには、立花家の礎《いしずえ》を築いた道雪と、宗茂&誾千代の夫妻が祀《まつ》られています。きっと柳川の人々は、彼女の思いを汲《く》み、夫婦を一緒に祀ることで、添い遂げさせようとしたのでしょう。

実は、それを裏づけるようなお話を、立花家の子孫の方からうかがったことがあります。道雪の死後、婿である宗茂派と、前当主の娘である誾千代派に、家臣団が分裂する可能性があった誾千代は〝お家騒動〟を未然に防ぐため、自ら身を引いたのかもしれない、と。

徳川二百六十五年の間に、多くの大名家《け》が衰退し、没落していきましたが、その原因は、ほとんど共通しています。〝お家《いえ》騒動〟です。家臣が派閥をつくり、分裂した状態が長く続けば、大名家は〝お家取り潰《つぶ》し〟という憂《う》き目に遭《あ》いますから、それを防ぐため、どちらかの派閥を処罰するわけです。本来、どちらの派閥も、お家のことを大切に思っている、かけがえのない家臣であるにもかかわらず……。こうしてお家騒動が起こることで、大名家は〝人財（宝のような存在）〟を失い、衰退していくのです。

しかし立花家は、誾千代が身を引くことで家臣団が一枚岩となり、宗茂に忠義を尽くすことができました。もし彼女に自己犠牲の心が乏しく、どこまでも宗茂と張り合っていたら、おそらく立花家も家運《かうん》の衰退を免れなかったでしょう。

宗茂の愛

夫婦の運命に大きな影響を与えた、関ヶ原の戦い。立花家の存続を一心に願う誾千代は、家康《いえやす》率いる東軍につくように、宗茂に迫《せま》りました。ところが宗茂は、「秀吉《ひでよし》公の恩を忘れて徳川《とくがわ》に付《つ》くぐらいなら、命を絶ったほうがよい。勝敗にはこだわらず」と、立花三千の兵を率いて、西軍に味方したのです。

もともと豊後《ぶんご》（現在の大分県）の大友《おおとも》氏の一家臣にすぎなかった立花家を、直臣に取り立て大名にしたのは、豊臣秀吉です。その恩を、宗茂は片時も忘れなかったのです。

立花軍は、東軍の大津城《おおつじょう》（現在の滋賀県大津市）を攻め落とすことに成功しましたが、関ヶ原で西軍の本隊が大敗を喫《きっ》したため、宗茂は敗軍の将となりました。

関ヶ原の戦後処理で、宗茂は領地を没収されますが、義を貫《つらぬ》いた男を、天は見放しませんでした。やがて彼は二代将軍・秀忠《ひでただ》の家臣となり、働きが認められて大名に復帰。関ヶ原から二十年後には、柳川城主に返り咲くのです。

再び柳川に赴《おもむ》いた宗茂が、真っ先に行《おこな》ったこと。それは三十四歳という若さで亡くなった誾千代の菩提《ぼだい》を弔《とむら》うために、お寺（良清寺《りょうせいじ》）を建立《こんりゅう》することでした。誾千代は、亡くなる瞬間まで宗茂の身を案じていましたが、宗茂もまた、妻への愛情を持ち続けていたのです。

夫婦生活としては別居の道を選んだ二人ですが、心の深い部分ではつながっていて、互いに敬い合い、共に立花家を守るという使命に生きていた。その証が良清寺であり、三柱神社なのではないでしょうか。

誾千代の〝自己犠牲の愛〟は、立花家の家風を決定づけました。江戸期を通して立花家はお家騒動とは無縁であり続け、家臣団や領民の敬愛を集めてきたのです。そして二人の時代からおよそ四百年が経過した今なお、立花家は柳川市民から慕《した》われ続けています。

その輝かしい歴史の裏に、戦国最強軍の娘・誾千代の誇りと、夫への溢《あふ》れる愛があったことに、私は胸を打たれます。

男たちの志を次世代へ
――吉田松陰を支えた女たち①・杉 文

幕末を生き抜いた文と素彦

幕末の志士として有名な吉田松陰《よしだしょういん》の活躍の背景には、彼を取り巻く女性たちの支えがありました。松陰の母・滝のことは次章でご紹介しますが、もう一人、妹の文《ふみ》を忘れることはできません。文は、松陰の一番弟子ともいわれる久坂玄瑞《くさかげんずい》に十五歳で嫁《とつ》ぐと、以後、松陰の志《こころざし》を遂げようと命を燃やす玄瑞を、懸命に支えました。

松陰亡き後、玄瑞は尊王攘夷《そんのうじょうい》運動の急先鋒《きゅうせんぽう》として、京や江戸を駆け巡ります。そんな状況では満足な夫婦生活を送れるはずもなく、二人は日常、手紙で意思疎通《そつう》を図っていました。しかし幕末の動乱の中で、玄瑞は師・松陰の後を追うように亡くなってしまいます。玄瑞二十五歳、文二十二歳の時でした。六年半の結婚生活の中で、一緒に暮らしたのは二年にも満たなかったそうです。

それから二十年後の明治十六（一八八三）年、四十一歳の文（美和子《みわこ》と改称）は、母・滝《たき》の勧めで、群馬県令の楫取素彦《かとりもとひこ》のもとに嫁ぎます。素彦は、松陰の妹であり、文にとっては姉にあたる寿《ひさ》と結婚し、二人の男の子をもうけましたが、寿とは死別。つまり文は、かつて〝兄〟と呼んだ人のもとに嫁いだのです。

文が玄瑞の手紙を捨てられずに持参すると、素彦はそれを快《こころよ》く受け入れます。そして自《みずか》らの手で玄瑞の遺墨《いぼく》を巻物に仕立て、『涙袖帖《るいしゅうちょう》』と命名。きっと二人は袖に涙しつつ、玄瑞の手紙を読み返したのでしょう。切なさと優しさに溢《あふ》れた、素敵なエピソードですね。こうして松陰や玄瑞の志を胸に、二人は明治の世を生きたのです。

文がつないだ松陰の志

少し話はそれますが、ここでどうしても触れたいお話があります。それは、台湾《たいわん》の学校教育の礎《いしずえ》となった六人の日本人〝六士《ろくし》（六氏）先生〟のことです。

明治二十八（一八九五）年、日清戦争で勝利した日本は台湾を割譲《かつじょう》されますが、当時の台湾は公教育もなければ、衛生環境も治安も悪く、さらに農業生産性も極めて低い、世界一貧しい地域の一つでした。その台湾に対し日本が真っ先にしたこと、それは学校建設でした。台北《タイペイ》郊外の芝山巌《しざんがん》に学校が開設されると、教師は台湾の教育に心血を注ぎました。しかし、不幸にも半年後、抗日ゲリラに殺害されてしまうのです。実は、この抗日ゲリラの動きは事前に察知され、先生たちは避難を勧められていました。しかし彼らが首を縦に振ることはなかったのです。

「たとえ私たちが死んでも、それは肉体が滅ぶだけ。日本人が台湾の教育に情熱を傾けていたという、その思いを遺《のこ》すことはできる。だとしたら、実に死に甲斐《がい》がある」

ゲリラたちがみな武器を手にして襲ってきても、先生たちは最後まで言葉をもって諭《さと》そうとしました。しかし、その誠意はついにゲリラたちの心には届きませんでした。

明治二十九（一八九六）年一月一日、志高き六人の教育者が、台湾で生涯を閉じました。台湾の人々は、敬意と感謝を込めて、彼らを〝六士先生〟と呼びます。その一人が、楫取道明《みちあき》です。彼は素彦・寿夫妻の次男で、幼いころは久坂家の養子として文に育てられました。松陰の母・滝は「松陰おじさんのようにおなり」と孫たちに言い聞かせていましたが、道明は伯父・松陰の志を継いで教育に命を捧げたんですね。

彼らの訃報《ふほう》が届くと、日本人は台湾を野蛮な土地と蔑《さげす》み、恐れました。その一方で、「そんな台湾だからこそ教育が必要だ」と使命感を持って、次々と教育者たちが台湾へ渡っていったのです。吉田松陰から楫取道明へ、そしてその背中を追って台湾に渡った日本の教育者へ――。その〝志のリレー〟に対し、台湾の人々は最大級の感謝で応《こた》えています。芝山巌にある六士先生のお墓は、台湾における教育の聖地とされ、今なお毎日欠かさずに清掃や献花が行われているのです。

語り継ぐという生き方

私は、時々思うのです。日本人と西洋人では〝永遠〟の捉《とら》え方が違うのではないか、と。西洋人が肉体を長く保つことで「永遠」を手に入れようとしたのに対し、日本人は、たとえ肉体は滅んでも、自分の志を受け継ぐ人がいれば、「いのち」は永遠であると信じてきたのではないでしょうか。つまり、誰《だれ》かに受け継いでもらえるような生き方をすること、その〝志のリレー〟が、日本の歴史の本質ではないかと思うのです。

財産や組織を残すことも素晴らしいですが、本当に尊いのは、生きざまを遺すこと。そして男たちが遺した生きざまを語り継ぎ、次の世代に注入していくことこそ、妻であり、母である女性に授けられた尊い役割の一つではないかと、私は考えています。滝や文が歴史の表舞台で語られることはほとんどありませんが、彼女たちの存在があったからこそ、松陰の志が現代にまで生き続けているのです。

名作に隠された悲痛の努力
——曲亭馬琴に仕えた・滝沢 路

「終わらせないで」

昭和四十八（一九七三）年から五十（一九七五）年にかけてNHKで放送された『新八犬伝』という番組をご存じでしょうか。江戸時代のベストセラー『南総里見八犬《なんそうさとみはっけん》伝《でん》』が原作の人形劇で、平均視聴率二〇パーセントの人気番組でした。

祖母の影響か、こういう時代ものが好きな私は、毎回欠かさず見ていました。足かけ三年に及ぶ放送が終了すると知った時、あまりに残念で「どうか終わらせないでください」と、小学生の拙い字でNHKに手紙を送ったことを覚えています（笑）。

その原作『南総里見八犬伝』という全九十八巻の超大作を著したのが、曲亭馬琴《きょくていばきん》。実は彼、日本初のプロ作家なんです。

江戸後期に活躍した彼は、本名は滝沢馬琴《たきざわばきん》といいます。ペンネームである「曲亭馬琴」は「くるわ・で・ま・こと」という意味で、「お遊びの場所（廓《くるわ》）で遊女に誠《まこと》を尽くしてしまうような、野暮な男でございます」というのが由来です。なんだか自嘲的というか、ちょっとインテリを気取った感じで、あまり友達にはなりたくないような……(笑)。

そんな気取り屋さんの彼も、晩年は視力の衰えに苦しみます。窮地に陥《おちい》った馬琴の目となり、手足となって代筆を担ったのが、滝沢路《みち》でした。

滝沢家当主の母親として

路は二十二歳の時、馬琴の息子と結婚。一男二女に恵まれ、五人家族で平穏に暮らしていました。ところが、十年足らずで夫に先立たれるんですね。

当時の庶民の社会通念では、夫と死別した場合、お嫁さんは子どもを連れて実家へ帰ることも多かったのですが、路は滝沢家に残りました。すでに路の生んだ男子が滝沢家の当主となっていたため、その母として生きる道を選んだのでしょうね。

日本初のプロ作家として活躍中の馬琴は、この時、六十九歳。ろうそく代を節約するため、寒風の吹き上げる縁側で、ひたすら外光を頼りに執筆しました。そうした無理がたたったのか、彼の視力は急速に衰え、数年後には失明同然になってしまいます。

しかし、代筆者を雇《やと》う予算もありません。馬琴はやむを得ず、路に白羽の矢を立てました。

ところが路の学力は、寺子屋でかな文字を習った程度。インテリ作家の難解な口《こう》述《じゅつ》を筆記するだけでも大変なのに、路は一字一字、漢字を習いながら、口述筆記を進めていかなくてはならないのです。それは、気の遠くなるような作業だったでしょう。

加えて、馬琴は人一倍プロ意識が強く、日本初のプロ作家を支えた、その高いクオリティ意識を路にも要求したので、彼に仕《つか》えるのは骨の折れる作業の連続でした。路は、涙をこぼす日もあったようです。

しかし、それほどの苦労をしてもなお、路は馬琴に付き従い、口述筆記をやり遂げました。

おそらく息子を滝沢家の跡継ぎとして育てあげること、そして日本初のプロ作家を支えることに、彼女は使命感を覚えていたのではないでしょうか。むしろ「それができるのは自分をおいて他にいない」という自負と誇りが、彼女を支えたのかもしれませんね。

〝いかに〟努力するか

『南総里見八犬伝』の「あとがき」にあたる部分で、馬琴は代筆者のことを明かし、あろうことか「読本《よみほん》の代筆は学《がく》なき婦女にはかなわぬ技《わざ》だった」と書いています。いえ、路に書かせたのです。馬琴ときたら、散々世話になったにもかかわらず、あまりにも路を馬鹿にしています。

そう受け取られかねない文章ですよね。でも実は、これは路への謝意ではないかと、私は感じています。そうでなければ、見栄っ張りの馬琴が、こんなあとがきを残すとは考えにくいからです。無学ながら、投げ出さずにやりきった嫁の労《ろう》に報《むく》いるための、精いっぱいの表現だったと思うのです。

路が夫の死後も婚家に留まり、義父を支えたことを、私は感慨深く思います。私たちは人生の岐路に立つと、得《え》てして〝どの道〟を選ぶかで迷いますが、それよりも、導かれた人生の中で〝いかに〟努力するか、そこに集中することこそ尊いのだということを、私は路から教えられた気がします。

儚い命を彼に捧げて――木村重成の妻・青柳

恋の病におかされて

「丈《たけ》高く、色あくまで白く、眉《まゆ》黒々と際《きわ》だち、細い眼の眦《まなじり》が凜《りん》と上がった美丈夫《びじょうふ》で、たぐい稀《まれ》なる気品を備えていた」。周囲からこう噂されたのは、戦国武将・木村重成《きむらしげなり》。

重成は、豊臣秀吉の息子・秀頼《ひでより》の家臣であり、弟のような存在でもありました。誰もが目を奪われるようなイケメンで、言動もさわやか。その上、主君の寵愛《ちょうあい》も一身に集めている――。こんな男性がモテないわけがありませんね。当時、大坂城の女官《にょかん》の大半が、重成のファンだったとか。

そんな彼に一目惚れし、恋心を寄せたのが、青柳《あおやぎ》です。大坂城内一万の女官の中でナンバー1の美貌と謳《うた》われ、和歌や琴の名手として知られた青柳は、重成に会ったその日から、切なくてご飯も食べられなくなり、寝込んでしまったそうです。

彼女は、病の床でこんな歌を詠《よ》みました。

恋侘《わ》びて　絶ゆる命は　さもあらはあれ《(わ)》　さても哀《あわれ》といふ《(う)》人もがな

（恋わずらいで死んでしまっても構いません。のちに哀れなことだと言ってくれる人がいるかもしれませんから）

彼女の告白を受けて、重成は返歌をしたためました。

冬枯《ふゆかれ》の　柳は人の　心をも　春待ちてこそ　結《ゆ》ひ《(い)》留《とど》むらめ

（冬の柳は耐えて春を待ち、やがて人の心を結びとめるだろう）

重成は、青柳の思いを受け入れたのです。

たった四か月の結婚生活

慶長二十（一六一五）年一月、二人は結婚。前年の大坂冬の陣は、豊臣方がやや優勢という状況で和睦が結ばれたので、二人は晴れて結ばれたのです。初恋が実った青柳は、幸せに包まれたことでしょう。

やがて二人の結婚生活に、暗い影が忍び寄ります。和睦もつかの間、徳川方は今度こそ豊臣家を滅ぼそうと、再び挑発してきたのです。

大坂夏の陣の火蓋が切られました。しかし、豊臣方の劣勢は明らか。大坂城の将士たちも、すでに敗北を予感し、落城は時間の問題と思われました。

そのころから重成は、極端に食が細くなります。夫を気遣い、理由を問いただす青柳に、重成は澄んだ瞳を向けて告げました。

「敵に討ち取られた時に、裂かれた腹から食べ物が出ると見苦しいから」

愛する夫の覚悟を知った妻は、どれほど悲しく、どれほど涙したことでしょう。

それでも彼女は、心の声をグッと押し込めて、重成の髪を丁寧に洗い、兜には香を薫《た》き込めました。そんな新妻に対し、重成は静かに別れの盃《さかずき》を交わすと、絶望的な戦いに身を投じていったのです。それは、結婚からわずか四か月後のことでした。

重成軍は藤堂高虎《とうどうたかとら》軍を撃破。しかし彼は「まだ家康の首を取っておらぬ」と、突撃を敢行。井伊直孝《いいなおたか》軍と激戦の末、壮絶な最期を遂げました。藤堂・井伊という徳川の精鋭部隊に、一歩も引けを取らなかった重成。のちに井伊家は、居城のある彦根に、重成の首塚を建立します。彼の勇猛さは、敵をも感動させたのです。

「男の美学」を支える

重成戦死の翌日――。首実検《くびじっけん》が行われると、重成の頭髪から得《え》もいわれぬ芳《かぐわ》しい香りがたちこめます。これほど美しい死が、かつてあったでしょうか。この若武者の悲壮な覚悟に接し、家康はじめ徳川方の諸将は、みな感涙に咽《むせ》んだといわれています。

その後、大坂城は落城し、豊臣家は滅亡。落城寸前に落ち延びた青柳は、親類を頼って近江国《おうみのくに》（現在の滋賀県）へ。彼女のお腹には、重成の子が宿っていました。無事に男児を出産、やがて重成の一周忌を済ませると、青柳は亡き夫を追って自害しました。

なんという悲しい結末でしょうか。乱世でなければ、きっと二人は老齢になるまで添い遂げることができたでしょうに――。

青柳の儚《はかな》い人生に思うこと。それは、男の美学を舞台裏で支えることができるのは、妻しかいない、ということです。愛する者を守るため、命を賭《と》して戦場へ赴《おもむ》く夫も誇るべきですが、妻の覚悟があってこそ、男たちはその思いを貫徹することができます。

私は、重成・青柳の悲しくも美しい夫婦の物語を思い起こすたび、切なさと、女性に生まれた誇らしさで、胸がいっぱいになるのです。

愛する喜びに生きて――広瀬淡窓の妹・秋子

日本一の私塾

江戸期の日本は世界屈指《くっし》の識字率を誇り、人々の向学心は実に旺盛でした。寺子屋で初等教育を受けた後、さらなる高みを目ざし、私塾に進む者もいました。江戸時代後期には、千以上の私塾が存在したといわれますが、その中で、入門者が四千人を超え、日本最大規模を誇ったのが、広瀬淡窓《ひろせたんそう》が主宰する豊後《ぶんご》（現在の大分県）の漢学塾・咸宜園《かんぎえん》です。

「咸《ことごと》く宜《よろ》し＝すべてのことがよろしい」の名が示すように、咸宜園は身分、学歴、年齢を問わず広く門戸が開かれ、一人ひとりの資質が尊重されました。他の多くの私塾が専門教育に力を入れたのに対し、咸宜園が〝教〟と並んで柱にすえたのが〝治〟。淡窓は、全門下生に共同生活の役割を振り分け、生活習慣の指導を徹底し、人間教育に取り組んだのです。

さらに彼は、独自のシステム〝月旦評《げったんひょう》〟を考案しました。門下生に毎月試験を実施し、一級から九級までの番付を発表するのです。月旦評は、どんなに忙しくても、たとえ旅先であっても、必ず淡窓本人がつけることを常としました。

「咸く宜し」の眼差《まなざ》しで数千人を励まし、その成長を見守った淡窓。このエネルギーは、どこからきたのでしょうか。

兄の命のために

広瀬家は、天領・日田《ひた》（現在の大分県日田市）を代表する商家として栄えてきました。淡窓の父の代には、弟の事業が破産し、広瀬家は窮乏します。それまで箱入り娘のように大切に育てられてきた、淡窓の二歳下の妹・秋子《ときこ》は、家族のためにと、辛《つら》い水仕事も厭《いと》わず懸命に働きました。

家族が心を一つにして危機を乗り越えたのもつかの間、今度は淡窓が重い病《やまい》を患《わずら》います。「兄は、この世になくてはならない存在。私の命を捧げますから、どうか兄を助けてください」。秋子はそんな誓願を立て、一心に祈りながら、一日も休まず看病を続けました。

数年後、淡窓が奇跡的に回復すると、秋子は仏恩に報いるために、出家の意志を固めます。家族は大反対しますが、秋子も譲りません。「ここで御仏《みほとけ》との約束を反故《ほご》にすれば、きっと今度こそ兄の命が奪われてしまう」。そんな思いもあったのでしょう。ほどなく、京都の後桜町《ごさくらまち》上皇に仕える女官・風早局《かざはやのつぼね》が侍女《じじょ》を探しているとの知らせが、広瀬家に届きます。聡明で美しく、気働きもできる秋子に、白羽の矢が立ったのです。「出家されるよりは」と、家族は、二十歳の秋子を京へ旅立たせました。それが今生の別れになるとも知らずに――。

愛する人の喜びのために

淡窓と秋子は、幼いころ同じ部屋で寝起きした間柄で、お互いに格別な思い入れがありました。その秋子が暮らす京に近い彦根藩（現在の滋賀県）から、淡窓を儒学者として招聘《しょうへい》したいという話が持ち上がりました。秋子に会いたい気持ちが募《つの》る一方、病弱な自分に務まるのかという不安もあります。

揺れ動く淡窓。やがて彼のもとに驚愕《きょうがく》の報が届きます。流行《はや》り病で亡くなった風早局の後を追うように、秋子が病死したのです。まだ二十二歳、淡窓はじめ広瀬家の人々は、悲嘆にくれました。

その悲しみを乗り越えて、淡窓は主宰していた塾を本格化し、咸宜園へと発展させていきます。それとともに、淡窓は〝万善簿《まんぜんぼ》〟を己に課し、身を律《りっ》し続けました。万善簿とは、日々、自分が行った善行《ぜんこう》と悪行《あくぎょう》の数を帳面につけ、差し引かれた善の数が一万に至《いた》ることを目ざすというものです。

十二年以上もの歳月を費やし、ついに一万善を達成した、淡窓。そこには、自らの命を投げ打って自分を生かしてくれた秋子に、恥ずかしくない生き方をしなければ──そんな思いがあったように、私には感じられるのです。

秋子の戒名は「孝弟烈女《こうていれつじょ》」。自らの信念を貫き、両親に尽くし、兄に尽くし、風早局に尽くし、自らを愛してくれる人々に誠の心を捧げた秋子に、ぴったりの名だと思います。きっと秋子は、愛する喜びの中で、幸せのうちに人生の幕を閉じたのではないでしょうか。

秋子の愛が、病弱だった淡窓を七十五歳まで生かし、国の中枢を担う幾多の人材を育てることにつながりました。日田の中心・豆田町《まめだまち》にはホテル風早があり、その敷地内のレストランの名前は〝秋子想《ときこそう》〟といいます。日田の人々の心の中に、秋子は今なお生き続けているのです。

大山捨松（一八六〇‐一九一九）　会津藩家老の山川家に生まれる。満十一歳で初の女子留学生として渡米し、満二十二歳で帰国。スイスに留学経験のある大山巌と結婚し、洋風夫妻と呼ばれる。後年は各種慈善活動に尽力した。

杉　文（一八四三‐一九二一）　幕末の思想家である吉田松陰の妹。松陰門下の久坂玄瑞に嫁ぐが、二十二歳で未亡人に。その後、長州藩主・毛利家の女中に。四十一歳で、亡き姉の夫である楫取素彦と再婚した。

滝沢　路（一八〇六‐一八五八）　江戸城に勤めたのち、二十二歳で、曲亭馬琴の子で医師の滝沢宗伯《そうはく》と結婚。一男二女。三十歳で夫を亡くし、義父母と同居を始める。三十四歳から義父・馬琴の代筆を始める。

青柳（一五九八?‐一六一六）　豊臣秀吉が創設した七手組の組頭の一人・真野頼包《まのよりかね》の娘。和歌や琴に長《た》け、美人でもあり、城内では評判の娘だった。豊臣家の家臣・木村重成と結婚、一男を出産したといわれる。

広瀬秋子（一七八四‐一八〇五）　天明四年生まれ。幼名は安利《あり》。咸宜園を開いた広瀬淡窓の妹。「広瀬八賢」の一人として、その遺徳は、地元・日田の人々から今なお慕われている。

第六章

育む

歴史の影に、光あり——幕末志士の母・野村望東尼①

福岡の偉人を訪ねて

私は数年前から、「和ごころ塾」という日本史や日本文化を学ぶ講座を開催してきました。その課外授業として、長州藩士・高杉晋作《たかすぎしんさく》の足跡をたどるバスツアーを企画したのですが、その出発点として選んだのが、平尾山荘《ひらおさんそう》公園（福岡市中央区）でした。ここは、幕末の勤皇家・野村望東尼《のむらぼうとうに》が夫と隠棲《いんせい》した場所であり、夫と死別後、ここで彼女は数多くの志士たちを匿《かくま》ったのですが、そのことは、地元の人々にもあまり知られていません。

一例を挙げると、私は以前、この史跡からほど近い高校で講演をさせていただいたのですが、彼らはこの公園の清掃奉仕をしていながら、ほとんどの生徒が、望東尼がどんな人なのか知らないというのです。

確かに、歴史の表舞台に彼女の名前が出てくることは多くありません。けれども、激動の時代に彼女の果たした役割は非常に大きく、女性として素晴らしいと感じられるので、この項で詳しくご紹介したいと思います。

さて、彼女が暮らしていた平尾山荘ですが、実は私は、ここそが〝明治維新の端《たん》緒《しょ》を開いた場所〟だろうと考えているのです。

一般的に、幕末維新史を回天させたとして語られるのは、高杉晋作による〝功山寺《こうざんじ》の挙兵〟です。黒船来航で、幕府はすぐさま終焉《しゅうえん》を迎えたと思っていらっしゃる方も多いようですが、実際は、ペリー来航から明治維新までには約十五年かかっています。のちに〝倒幕〟一本槍となる長州藩（現在の山口県）でさえ、幕府の威光を恐れ、幕府協調派が藩政を握っていた時期があったのですから、幕府はそうやすやすと倒されたわけではありません。

そんな幕府中心の政治システムに敢然《かんぜん》と立ち向かったのが、維新の立役者の一人・高杉晋作です。京の都から長州に逃《のが》れてきた公卿たちの前で「これより先、長州男児の肝《きも》っ玉《たま》をご覧に入れ申す」と高らかに宣言した晋作が、藩の正規軍約二千人を、たった八十余名の同志で打ち破ったのが「功山寺の挙兵」です。

このクーデターをきっかけに、長州藩は一気に倒幕路線に舵《かじ》を切ることになりました。その後、紆余曲折《うよきょくせつ》はありましたが、薩摩藩と協力しつつ倒幕、明治維新へと向かっていったのは、ご承知のとおりです。

さて、ここまでが一般的な見方ですが、私は、この歴史的名場面を陰で後押しした女性・野村望東尼に注目しています。

彼女は江戸後期に生まれ、福岡藩士の夫と和歌や国学を学びました。夫婦で京の都に遊学中、自分の命をも顧《かえり》みずに国事に奔走《ほんそう》する若者たちを目《ま》のあたりにし、衝撃を受けます。そして五十三歳の時に夫を亡くすと、望東尼自身、徐々に国の行く末を憂《うれ》う気持ちを強め、朝廷中心の国家建設を志す若い志士たちを自宅に預かり、彼らの世話をするようになりました。

長州藩士の晋作も、その一人。元治《げんじ》元（一八六四）十一月、彼は、藩内の幕府協調派の弾圧から逃れるため、関門海峡を越えて福岡の望東尼のもとを訪れたのです。それは、功山寺の挙兵の直前のことでした。

「さあ、行きなさい」

このときが初対面の二人。しかし望東尼は、あれこれ詮索《せんさく》することなく、温かく彼を迎え入れ、食事や寝る場所を与えました。

冬深き　雪のうちなる　梅の花　埋《う》もれながらも　香《か》やは隠《かく》るる

谷梅之助《たにうめのすけ》という偽名で、晋作が望東尼の前に初めて現れた時、彼女が詠《よ》んだ歌です。いくら偽名を名乗り、氏素性《うじすじょう》を隠しても、雪の中の梅が、その香りまでは隠せないように、望東尼は一瞬のうちに、晋作のただならぬ空気感に気づいたのでしょうね。その瑞々《みずみず》しい感動が、この歌から伝わってきますね。

彼女はその日から着物を縫い始め、およそ十日後、できあがった着物を晋作の肩に羽織らせました。

まごころを　つくしのきぬは　国のため　立ちかへるべき　ころも手にせよ

旅立ちの朝に、望東尼から晋作に贈られた歌です。望東尼のもとでじっくり考えを煮詰め、倒幕の志《こころざし》を確かにした晋作は、彼女の思いのこもった着物を身にまとうと、長州に戻り、まさに新時代を切り拓《ひら》いていったのです。この時、高杉晋作二十七歳、野村望東尼は五十九歳。

これは私の想像ですが、「あなたには天から授けられた役割があるのよ。さあ、行きなさい」。望東尼はそう言って、晋作の背中を押してあげたのではないでしょうか。History（歴史）はHis（彼の）＋Story（物語）ともいわれるように、その中心は男性なんですよね。でもその男たちを温かく包み込み、奮い立たせたのは、望東尼のような女性たちだったのです。

長州に戻った晋作から、望東尼のもとにお礼状が届きました。そこには、「常に死を賭《と》して行動しているから、もはやこの世で会うことはないであろうが、来世でお礼をしたい」という内容がしたためられていました。

ところが、晋作の恩返しは、意外なカタチで実現します。二人の出会いからおよそ一年が経《た》った慶応元（一八六五）年、福岡藩は、勤皇の志士たちを弾圧しました。〝志士たちの母〟として彼らから慕われた望東尼も、玄界灘の姫島に流されます。

その時立ち上がったのが、晋作です。およそ十か月後、晋作の仲間が望東尼の救出に成功しました。不思議な縁に導かれ、望東尼は最晩年を長州で過ごすこととなるのです。

生み育むという生き方
――幕末志士の母・野村望東尼②

武家の名門に生まれながら

前項でお伝えしたとおり、野村望東尼が背中を押したことで、高杉晋作は倒幕へ奮起し、歴史を大きく回天させました。ここで、晋作について少しお話しさせてください。

これは私の仮説ですが、多くの幕末志士を導いた吉田松陰《よしだしょういん》は、晋作の才能を誰《だれ》よりも認めながらも、内心は、彼にはあまり期待していなかったのではないでしょうか。

というのも、高杉家は武家の名門でしたから、幕藩体制を否定する〝倒幕〟に本気になることは、晋作にとってハードルが高いだろう――、松陰はそう思っていたのではないかと、私は感じるのです。かつて晋作が自分のなすべきことを尋ねた時も、松陰は「親孝行しなさい」と答えています。これは、晋作に精神的な負担をかけたくないという、松陰の優しさだったのではないでしょうか。

事実、幕末の志士のほとんどは、下級武士の出身でした。その中で、晋作の存在そのものが一つの奇跡ですし、同時に、師匠からあまり期待されていなかったであろう晋作が、師の志を誰よりも色濃く受け継いだところに、私は歴史の機微《きび》を感じ、深い感銘を受けるのです。

そんな維新を牽引《けんいん》した晋作を包み込み、心に火をつけた望東尼の、慈母のような一面が表れる歴史物語をご紹介します。

〝寮母さん〟のように

望東尼に励まされた晋作は、長州に戻り、クーデターに踏みきりますが、その際、ある誓いを立てます。それは「金輪際《こんりんざい》、困ったという言葉は吐かない」というもの。実際、彼は八十余名の手勢で長州藩の正規軍約二千人を相手にした時も、続いて徳川幕府率いる、約十万という天下の大軍に挑んだ時も、「困った」という言葉を吐かずに、軽やかにピンチを乗り越え、歴史を動かしました。

ところが、本当はその後に一度だけ、「困った」と言ってしまう場面があるのです。

それは、地元・萩《はぎ》に残してきた妻と、倒幕運動の拠点・下関《しものせき》で共に暮らす恋人が鉢合わせしてしまった時。恋人のおうのが、病床に伏す晋作を懸命に看病しているところへ、雅子《まさこ》夫人が、一人息子を晋作に会わせようと連れてきたのです。

相手が二千でも十万でも泰然としていた晋作が、二人の女性の間で困り果て、思わず弱音を吐くなんて――。かわいらしいなあなんて、思わず微笑むような光景ですが、本人にしてみたら、それどころではありません。萩城下一の美女と評判の雅子夫人を前にして、さすがの晋作も言葉を失い、その場の空気は凍《こお》りつきました。

その難局を救ったのが、望東尼です。彼女は二人の女心に寄り添い、その傷ついた心を癒《いや》し、晋作と二人の女性の間を取り持ったといわれます。若い志士たちを高校球児に例えるならば、望東尼は彼らの面倒をみる、いわば〝寮母さん〟のような存在だったのでしょうね。

晋作は、それから程なく病によって二十九歳で他界。ついに明治という新しい時代の幕開けを、その目で見ることは叶《かな》いませんでした。

おもしろき　こともなき世を　おもしろく　すみなすものは　心なりけり

晋作が病床で詠んだとされる、辞世の句です。この歌は、上の句を晋作自身が、下の句を望東尼が詠んだという説が有力ですが、それほど晋作にとって望東尼は、大きな存在だったのでしょう。

およそ七か月後、晋作の後を追うように、望東尼も亡くなりました。王政復古の大号令が発せられるひと月ほど前のことです。

〝愛国の同志〟として

二人は、母と息子のような関係であったと同時に、〝愛国の同志〟でもありました。望東尼は、歌人としてこんな歌を残しています。

武士《もののふ》の　大和心《やまとごころ》を　よりあはせ（わ）　ただひとすぢ（じ）の　大綱《おほづな》にせよ

心ある武士たちの大和魂を寄り合わせ、一本の太い綱にするのですよ――。国の行く末を憂《うれ》え、命をかける若者たちへの願いと、彼らを温かく包み込む気持ち、さらには彼女自身の溢《あふ》れる情熱が伝わってくる、まさに幕末の女流歌人・野村望東尼の真《しん》骨頂《こっちょう》ともいうべき歌です。

この歌に象徴されるように、晋作をはじめ若き志士たちにとって、望東尼は慈母のような存在であり、同時に、共に国を憂い、国を愛する同志として、心の深い部分でつながっていたのではないかと思います。

女性というのは、子どもを生み育む《はぐく》特性を与えられていますが、女性が育てるのは子どもだけではないのですね。男性をも育てる力を、私たち女性は備えているのです。男性は、家族や国を守る。そして女性は、子どもを生み、男性をも育む。そうした役割分担を、年齢は違えども晋作と望東尼が行い、そして互いがその役割を見事に演じきったという歴史物語に、私は感動します。男女がそれぞれの役割を全《まっと》うすることで、互いに補完し合い、よりよい社会を築いていく――。男女のあり方はさまざまですが、その一つの理想のカタチを、晋作と望東尼が、身をもって示してくれたことに、感謝の気持ちでいっぱいです。

松下村塾の母として
――吉田松陰を支えた女たち②・杉 滝

〝雑草集団〟の母

江戸時代の三大私塾といえば、大坂の適塾《てきじゅく》（緒方洪庵《おがたこうあん》）、九州・日田の咸宜園《かんぎえん》（広瀬淡窓《ひろせたんそう》）、そしていわずと知れた、萩の松下村塾《しょうかそんじゅく》（吉田松陰《よしだしょういん》）。この中で、松下村塾だけは異質でした。なぜなら、鎖国という国禁を犯《おか》し、海外渡航を企《くわだ》てて罪人となった松陰が、恩赦《おんしゃ》により獄から出て、実家で謹慎処分を受けながら主宰したのですから……。

当然、家族の理解と協力なしには成り立たなかったのが、松下村塾なのです。

松陰が投獄されたのは、萩の野山獄《のやまごく》。ここで松陰は、孔子《こうし》や孟子《もうし》などの教えについて、自《みずか》ら囚人《しゅうじん》たちに講義するとともに、囚人たちを講師とし、それぞれの得意分野を他の囚人たちに伝授させました。すると、獄中のすさんだ空気が劇的に変わり、牢獄はまるで学校に。まさか獄中で、松陰の教育者としての素質が花開くとは、不思議なものですね。

その後、松陰が実家の杉家で謹慎を命じられると、家族は彼を温かく迎えます。そして、松陰が獄中で行っていた講義の続きを聞く会や、読書会を松陰のために開いたのです。どんな慰めや励ましの言葉よりも、松陰自身が講義する機会をつくることが、彼の心を満たすと確信したからでしょう。

この時、父や兄など男性陣は孟子の講義を聞き、女性陣は『武家《ぶけ》女鑑《おんなかがみ》』等の講義から、武家の女性としてのあり方を学んだそうです。松陰はこの女性組を〝婦人会〟と称しましたが、実はこれが、わが国初の〝女性セミナー〟だったという人もいます。家族や親しい者たちに支えられ、松陰の熱のこもった講義が夜《よ》な夜《よ》な続けられました。すると、外に漏れ聞こえる松陰の声に吸い寄せられるように、志《こころざし》ある若者が一人、また一人と訪ねてくるようになり、それが松下村塾に発展していったのです。

松下村塾は、のちの内閣総理大臣二名、国務大臣七名、大学の創立者二名など、明治日本を支える人材を数多く輩出しましたが、決してエリート集団ではありません。入塾試験もなければ、授業料もかかりませんから、それまで満足な教育を受けられなかったような貧しい家の子弟も、数多く通ってきました。松下村塾は、いわば雑草集団です。この雑草集団の面倒を親身にみていたのが、松陰の母・滝《たき》でした。

「松陰おじさんのようにおなり」

少年たちの中には、塾に寝泊まりをして苦学している者もいました。滝は、食べ物を差し入れ、さらに洗濯や掃除、風呂の準備まで、細々と門下生の世話を焼いたそうです。杉家は、長州藩の中でも貧しい家庭なので、経済的なやりくりも大変だったはずです。おそらく滝は、愛情が豊かな上に、一家を切り盛りする女性としての才覚も、素晴らしかったのでしょう。

また松下村塾は、松陰が一方的に講義をするよりも、みんなで意見をぶつけ合って、切磋琢磨《せっさたくま》していく風土があったので、例えば時勢を論じれば、それが真冬でも深夜に及ぶことがたびたびありました。そんな時でも、滝は常に終わるまで隣室に控え、火《ひ》鉢《ばち》で焼いたかきもちや熱い番茶を用意し、彼らの疲れを労《いた》わったといいます。

きっと、この滝の愛情に触れたくて、松下村塾に通っていた少年もいたのではないでしょうか。そういう意味で、歴史に燦然《さんぜん》と輝く松下村塾は、吉田松陰とその母・滝の合作だったともいえるかもしれません。

松陰は、その後、安政の大獄で再逮捕され、ついに江戸で刑場の露と消えますが、滝の素晴らしいところは、世間的に見れば大罪を犯した息子を、ずっと誇りに思っていたことです。彼女は、孫たちに「松陰おじさんのようにおなり」と、常に言い聞かせていたそうです。そうやって育った孫の中から、教育者としての松陰の志を継ぐ者が現れた、ということは、前章でご紹介しました。

　刑場での松陰の態度というのは、実に潔《いさぎよ》く立派だったと伝わっています。母の確かな愛を胸に刻んだ松陰は、「この国をよくしたい」という崇高《すうこう》な志を仲間や次の世代に託し、二十九年の短い生涯を閉じました。


親思ふ(う)　心にまさる親心　今日のおとづれ(ず)　何ときくらん

自分の死を知らされた時の、両親の気持ちを慮《おもんぱか》って詠《よ》んだこの歌は、松陰が家族に宛てた辞世の句です。なんとも切ないですね。しかしここには、親から愛されていることに対し、一点の不安や曇りもない、ある種の晴れやかさを感じます。

　愛するわが子の心に希望の光を灯《とも》すのが親の務めであること、そして子育ての本質は〝祈り〟であることを、私は滝と松陰の絆《きずな》から学んだのです。

母親としての明確な基準
――本居宣長を輝かせた女性たち②・本居かつ

宣長への感謝の思い

私は、江戸時代に活躍した国学者・本居宣長《もとおりのりなが》に、とても感謝しています。なぜかというと、私は『万葉集』や『源氏物語』を通じて日本の文化や古典、文学に関心を持ったのですが、これらの作品の価値を現代に伝えてくれたのが、彼だからです。

例えば『源氏物語』は、今でこそ世界に誇る日本の名作ですが、その本質である「もののあはれ」（しみじみと感じ入る心）の価値を掘り起こしたのは、宣長なのです。

平安時代末期には武士が台頭し、以後、およそ七百年という長きにわたって、武家政権が続きました。当然、時代が求めたのは〝男らしさ〟。対照的に〝もののあはれ〟という感性は、女性らしさ、もっといえば女々《めめ》しさとして理解されるようになっていました。

しかし、日本文化の神髄は何かといえば、私は男性的な雄渾《ゆうこん》さをも包み込む、母親のような〝たおやかさ〟や〝しなやかさ〟にあると、そしてその源流にある〝もののあはれ〟こそ、日本の心の原型だと感じています。

さらに、今からおよそ千三百年前に編纂《へんさん》された『古事記』を読み解き、『古事記伝』を著《あらわ》したのも、宣長です。『古事記』は、中国大陸から伝わってきた漢字を大和言葉の音《おん》に当てはめて書かれたもので、漢字自体に意味はありませんから、とても難解なのです。それを見事に読み解いたのは、宣長の金字塔《きんじとう》といえるでしょう。

酒はおちょこで三杯まで！

私が以前、三重県松阪市の本居宣長記念館を訪れた時、そこには、かつからの手紙が展示されていました。実は、宣長は無類の酒好きで、意外にも羽目を外すことが多かったようです。飲みすぎてはトラブルを起こすこともあり、それを風の便りで聞いたかつが、手紙を出すんですね。「酒はおちょこで三杯までですよ」って(笑)。

いくら相手が自分の息子だからって、大《だい》の大人に対して、おかしいですよね。その他の手紙からも、彼女が息子の生活の細かな部分にまで注意を促《うなが》していたことが分かります。

では、かつは過干渉な母親だったかというと、そうではありません。彼女には、子育てについて明確な基準があったのです。

そもそも本居家は、商家でした。本来なら宣長は、後継者となり、家業の商売を継ぐ運命でしたが、かつは幼少期から宣長が勉学に励む姿を見て、無理矢理商人にさせることをしませんでした。

わが子の適性を見抜き、医学の修業に送り出してあげるんですね。宣長は医者として身を立てつつ、都で王朝文学との運命的な出会いを果たすのです。そして故郷に帰った彼は、昼間は患者の家から家へ、往診で何十キロも歩きながら、夜には寸暇《すんか》を惜しんで国学を修《おさ》め、三十余年をかけて『古事記伝』を完成させます。

もし、仮にかつが京都行きを勧めていなければ、江戸期を代表する国学者・本居宣長は誕生していなかったでしょう。さらに、医学で生計を立てることができたからこそ、宣長の学問は何ものにも縛《しば》られず、自由であり続けたのです。そう考えると、今、私たちが『万葉集』や『源氏物語』、そして『古事記』を味わい、日本の心を再確認できるのも、かつ・宣長親子の二人三脚の人生のおかげですね。

母・かつの子育て論

私にも二人の子どもがいますが、母親として、常に心に留めていることがあります。それは、「親が躾《しつ》ける部分と子どもが自己判断すべき部分を区別する」ということです。

挨拶《あいさつ》をする、靴を揃えるという基本的な生活習慣や態度は、親として曲げてはいけない部分。その代わり、進路を決めたり自分の将来像を描いたりするなど、人生設計に関することは、子ども自身の頭でしっかり考えさせたほうがいいと思っています。

その点、宣長の母・かつが、宣長に対して生活態度には口うるさく教育した一方、人生の進路については驚くほど寛容だったことは、まさに私の理想とするところであり、教育の理にかなっているといえるのではないでしょうか。

本居宣長が日本史上でまばゆいほどの光を発している背景には、かつという立派な母親が存在していたということに、私は感銘を受けます。

離れていても伝わる
――家康と藤樹を育てた母の慈愛・於大の方／藤樹の母

歴史をつくった母性愛

どんな偉人にも、その命を授けた母親がいて、歴史に刻まれた偉業の裏には、知られざる母親たちの存在があります。

徳川《とくがわ》二百六十五年の礎《いしずえ》を築いた徳川家康《いえやす》と、当代随一の儒学者となり〝近江聖人《おうみせいじん》〟と称えられた中江藤樹《なかえとうじゅ》。二人の共通点は、ともに十七世紀の同じ時代を生きたこと。そしてもう一つ、幼いころから母と離れて育ったことが挙げられます。

三河国《みかわのくに》（現在の愛知県東部）の岡崎城主・松平広忠《まつだいらひろただ》の子として生まれた家康は、三歳の時、母・於大《おだい》の方《かた》と生き別れになります。於大の方は政略結婚で松平家に嫁ぎましたが、彼女の実家が、松平の主君・今川《いまがわ》氏と敵対する織田《おだ》氏に従ってしまったところから、急転直下、離縁となったのです。

当時の政略結婚は、両家が同盟関係を結ぶことを意味しますから、その同盟が解消されれば、妻は実家に帰されるのです。その後、於大の方は、実家の意向で他家に嫁ぎ、三男四女をもうけます。

けれども彼女は、松平家に残してきた幼い息子のことを、片時《かたとき》も忘れませんでした。離れていても、家康と絶えず音信をとり続け、折に触れてお菓子や衣類などを差し入れしたそうです。

そのころの家康といえば、今川氏のもとで人質暮らし。自身の無事を祈り続ける母の愛情に、どれだけ癒されたことでしょう。

今も昔も、才能はありながらも異性関係でつまずき、大成できない人って、結構いますよね。その点、家康には常軌《じょうき》を逸《いっ》した女性への執着が見られません。おそらく家康は、母親からいつも愛されているという安心感に包まれていたんでしょうね。この母性愛が、誰も成し遂げなかった長期安定政権を築く原点になったのかもしれません。

すぐに帰りなさい

中江藤樹の母もまた、幼い息子との別離を経験します。それは、藤樹の非凡さを早くから見抜いていたからこその別れでした。

藤樹は、近江国（現在の滋賀県）で農業を営む両親のもとに生まれました。そこへ祖父が現れ、藤樹を自分の跡継ぎにしたいと、自身が仕える米子藩《よなご》（現在の鳥取県西部）に連れて行くのです。藤樹、九歳の時でした。

その後、藩主の国替えに伴い、伊予《いよ》（現在の愛媛県）大洲《おおす》に移住しますが、藤樹は離れて暮らす母をいつも気にかけていました。温暖な伊予とは違う、近江の厳しい寒さを思うと、藤樹の心は締《し》めつけられるのです。

冬場の水仕事で、さぞ母の手も荒れているだろう――。藤樹は母を思い、いても立ってもいられなくなりました。あかぎれの薬を買い求め、駆けつけた故郷。あたりは一面、雪が降り積もっています。戸外でつるべ仕事をしていた母に駆け寄り、藤樹は薬を差し出しました。

普通の母親なら、息子の優しさ、意地らしさに、感極まって涙するでしょう。ところが藤樹の母は、その手を払いのけ、こう告げたのです。

「あなたは学問をするために生まれてきた人です。母を訪ねる暇などないはず。すぐに帰りなさい」

家にも入れずに追い返したといわれています。

雪深い道をとぼとぼと帰る、わが子の後ろ姿。どんなにか抱きしめたかったことでしょう。でも、母は耐えたのです。もしかしたら、九歳の息子を手放した時点で、この子は公《こう》に生きる子だ、私の子ではない、と思い定めたのかもしれませんね。

非情に見える行動の裏に、深い愛情と信頼、さらには母としての誇りが感じられます。

離れているからこそ

愛情の表し方においては、対照的な二人の母ですが、家康も藤樹も母の愛を確信し、歴史の中でそれぞれの役割を全《まっと》うしていきました。子育てをしながら仕事に明け暮れる日々を送る私にとって、この二組の親子の在《あ》り方は、大きな励みになっています。

子どもとベッタリ一緒にいることはできなくても、常に子を思い、与えられた環境の中でできることをやり尽くし、魂を込めて子育てをすれば、愛情はきっと伝わります。むしろ離れているからこそ育めるものがあり、その注いだ愛情が、その子の人生を切り拓《ひら》く力になることを、歴史は物語っています。

野村望東尼（一八〇六－一八六七）　幕末の歌人であり勤皇家。福岡藩士の夫と共に和歌と国学を学ぶ。夫と死別後は若い志士を多く助けた。現在の福岡市中央区に史跡（晩年の住居）がある。

杉　滝（一八〇七－一八九〇）　二十歳で長州藩士・杉百合之助《ゆりのすけ》と結婚。子どもは梅太郎《うめたろう》、寅之助《とらのすけ》（松陰）、千代《ちよ》、寿《ひさ》、艶《つや》、文《ふみ》、敏三郎《としさぶろう》。性格は温容、親切で勤倹《きんけん》に努め、馬を使って農耕にも従事したと伝わる。

本居かつ（一七〇五－一七六八）　江戸時代を代表する国学者・本居宣長の母。結婚後に一男二女をもうけ、夫の死後の宝暦《ほうれき》二（一七五二）年、宣長を京都に遊学させ、医学を修めさせる。のちに尼となり、恵勝と号す。

於大の方（一五二八－一六〇二）　徳川家康の母。晩年は伝通院《でんつういん》と称した。出生地の東浦町では「於大公園」が整備され、毎年「於大まつり」が催されている。

藤樹の母（生没年不詳）　農業を営む中江吉次と結婚し、長男として藤樹を生む。

第七章

前を向いて歩く

置かれた場所で「今」を生きる
――江戸のアイドル・笠森お仙②

突然の失踪

江戸の三美人といわれた笠森《かさもり》お仙《せん》の魅力が、〝受容力〟という女性らしさにあったことは、第一章でご紹介しました。

ここでは、結婚したお仙がその後どのように生きたかについて、「置かれた場所で〝今〟を生きる」をテーマにお話ししたいと思います。

当時、江戸の町は、極端に男性の多い社会でした。その理由として、農家の次男、三男が仕事を求めて諸国から江戸に集まってきたこと、さらに徳川幕府が全国各地の藩主を定期的に江戸へ出仕させる、〝参勤交代〟という制度があったことが挙げられます。〝江戸三百藩〟ともいわれるように、膨大な数の藩主とその家臣たちが、江戸に暮らしていました。十八世紀には、江戸の人口は百万人を数え、世界一の都市だったといわれていますが、そのうち約半数が町人で、残りの半数が、武家や寺社などの特権階級と考えられています。

江戸で暮らす男たちの中から、笠森稲荷《いなり》の水茶屋《みずぢゃや》のアイドル・お仙に惚《ほ》れ、なんとか彼女に言い寄れないかと思案する者が続出しました。

そうした中、明和《めいわ》七（一七七〇）年二月、事件が起こります。突如としてお仙が姿を消したのです。当時十九歳。まさに人気絶頂の時でした。

お仙の突然の失踪《しっそう》に、男性たちは落胆したり、憤慨《ふんがい》したり……。なかには「どこに隠したんだ」と水茶屋の主人に詰め寄る人もいたようです。

お仙はいったい、どこへ行ってしまったのでしょうか。

アイドル人生から幸せな家庭生活へ

実は、お仙が姿を消したのは、結婚するためだったのです。

相手が一般庶民であれば、そんなことは必要ありませんが、幕府の役職者との結婚だったため、ことは秘密裏《ひみつり》に進められる必要がありました。ですから、お仙は不意の失踪として姿を消し、武家の養女となった上で嫁《とつ》いだのです。

世間はそんなことは知りませんから、「お仙は若い男と駆け落ちした」「神隠《かみかく》しに遭《あ》った」といった噂《うわさ》が、まことしやかにささやかれます。そして、駆け落ちの様子を描いた浮世絵が売り出されれば、噂が噂を呼び、大騒ぎになったということです。

結婚後の消息については分かっていないことが多く、お仙はそれこそ〝伝説の女性〟といえるかもしれません。ただ、結婚後は九人の子宝を授かり、夫も順調に出世し、穏やかな家庭を築いたといわれます。そして文政十（一八二七）年、当時としては長寿の七十七歳という年齢で生涯を終えたようです。

十代で人気アイドルとなってからも自分を見失わず、〝結婚〟という道を選択。そして惜《お》しまれつつ引退――という点では、私の世代でいえば、山口百恵さんのような人生を歩んだともいえるかもしれませんね。

のびのびと、生き生きと

結婚後のお仙は、なぜ人気絶頂のアイドル人生に執着することなく、家庭人としての生涯を全《まっと》うできたのでしょうか。

きっとお仙は、どんなに輝かしくても、〝過去〟となったものにはとらわれていなかったのではないかと思うのです。〝過去〟ではなく〝今〟を大切に生きた。だからのびのびと、生き生きと生活できたのではないかしら――。私はそんな想像をしています。

思えば、私が結婚する時もそうでした。

国際線の客室乗務員としてバリバリ働いていたものですから、結婚を機に仕事を辞めると、周囲からは「もったいない」と言われたものです。

でも私には、その意味がよく分かりませんでした。過去にしがみつき、新たな一歩を躊躇《ちゅうちょ》するほうが、よっぽどもったいないと思えたからです。「過去ではなく、未来に対してプライドを持てる選択をしよう」と思いました。

おかげさまで結婚後は子宝に恵まれ、子どもたちも健《すこ》やかに成長しています。そして、今では〝歴史〟という想像もしなかった分野で、活動させていただいています。

〝今〟を大切に生きましょうね。そうすれば、どんな環境にあろうとも、置かれた場所で輝くことができるわよ――。数百年の時を超え、笠森お仙からは、そんなメッセージが聞こえてきそうです。

笑顔にした人の数だけ輝きを放つ
――日本初の女子留学生・大山捨松①

失意の帰国

明治初期、日本初の女子留学生として渡来し、歴史にその名を刻んだ、山川《やまかわ》（大《おお》山《やま》）捨松《すてまつ》。抜群の適応能力を発揮した彼女でしたが、実は周囲の環境に愚痴《ぐち》をこぼした時期があります。

それは、アメリカ留学を終え、満二十二歳で祖国の土を踏んだ時です。

いよいよ近代国家の建設に貢献できると、意気込んでいた捨松。けれども、当時の日本は男尊女卑の風潮が色濃く、高等教育を受けた彼女に、ふさわしい仕事を与えることができませんでした。それどころか、当時は十代で結婚する女性が圧倒的多数を占める中、二十歳を過ぎた捨松は、「すでに婚期を逃した」という目で世間から見られ、想像以上に肩身の狭い思いをしていたのです。

このころ捨松は、アメリカの親友であるアリス・ベーコンに対し、「二十歳を過ぎたばかりの女性が売れ残りだなんて、想像できる？　母はもう縁談も来ないでしょうなんて言ってるの」と手紙を送っています。
当時、明治政府の中心人物の一人だった黒田清隆《くろだきよたか》は、女性も男性と肩を並べて活躍できる社会を築きたいと、新しい時代に希望を託し、捨松らを留学させたのですが、人々の意識や社会が追いつくには、なお時間を要したということでしょう。

閣下のお人柄を知った上で……

しかし、そんな失意の日々を送る捨松の前に、彼女の人生を大きく変える男性が現れます。大山巌《いわお》、薩摩《さつま》藩出身で、のちの元帥《げんすい》、陸軍大将です。巌は知人の結婚披露宴で捨松に一目惚《ひとめぼ》れし、猛アタックを開始しました。
ところが捨松の実家・山川家は、この縁談を固辞《こじ》。なぜなら捨松は二十三歳、一方の巌は娘三人を残して妻に先立たれ、すでに四十一歳。親子ほど年齢の開きがあります。さらに山川家が家老の家柄であるのに対し、大山家は下級武士。その上、戊辰《ぼしん》戦争で明治政府軍が会津若松《あいづわかまつ》城下に侵攻すると、捨松たちが籠城《ろうじょう》した会津若松城に砲弾が撃ち込まれ、城内はさながら地獄絵図と化しましたが、その砲兵隊を指揮した張本人が、巌だったのですから。山川家としては、到底結婚は承諾できません。

そんな家族の思いをよそに、捨松は巌という男性を自分の目で確かめるべく、「閣《かっ》下《か》のお人柄を知った上でお返事を」とデートを提案したのです。そして三か月後に結婚を決意した彼女は、この時の心境をアリスへの手紙にこう綴《つづ》っています。

「ある人の幸せが、私の手にかかっているということは、なんて素晴らしいことなのでしょう」

明治の時代に、男性に幸せにしてもらうのではなく、相手を幸せにするために結婚した女性がいたのです。「婚期を逃した」とささやかれながらも、必要以上に気にすることなく、自分の価値観を大切に生きた捨松には、女性として勇気をもらえますね。

捨松の「内助の功」

その後、明治三十七（一九〇四）年に日露戦争が起こると、夫の巌は満州軍総司令官となり、大陸へ渡ります。西洋諸国が優《すぐ》れた科学技術の力を背景にして、その分野で立ち遅れたアジアやアフリカの国々を次々に植民地にしたり、実質的に支配を広げたりしていったこの時代、アジアで独立を守っていたのは、わずかにタイと日本だけでした。もし日本がロシアに敗れれば、独立を保つことは困難でしょう。いわば国運をかけた大勝負で、巌は、陸軍の戦略上の最高責任者という重責を担《にな》ったのです。

そこで捨松は、米国で学んだ看護師のスキルを生かし、日本赤十字社で戦傷者を看護したり、戦死者の家族の世話にあたったりしました。また、その一方で、政府高官の夫人たちを動員し、募金活動や包帯作りの活動なども行いました。

さらには得意の英語力を生かして、積極的に米国の新聞に投稿し、開戦に至った経緯や日本の置かれた立場を訴えたのです。そんな捨松の内助の功も少なからず影響し、アメリカ世論は日本贔屓《びいき》に。その後押しを受け、ルーズベルト大統領が日露の講和を斡旋《あっせん》、日本は、十数倍もの国力を誇るロシアになんとか勝利し、独立を守ることができたのです。戦場で戦った男たちの血と汗と涙、そして彼らを支《ささ》えたなでしこたちの奮闘——。日露戦争における勝利は、国民の総力が生んだ奇跡だったのですね。

かつて留学経験を生かせないと嘆《なげ》いていた捨松が、結婚して夫を支える中で、自分の能力や魅力を見事に生かしきっていくところに、私は深い感銘を受けます。そして時代の大勢に抗《あらが》うことなく、その流れにしなやかに身を委《ゆだ》ねた彼女の生き方に、私は密《ひそ》やかな憧《あこが》れを抱いているのです。

大勢に抗わず、使命に生きる
――日本初の女子留学生・大山捨松②

賊軍・会津藩の娘

平成二十五（二〇一三）年にＮＨＫで放送された、大河ドラマ『八重《やえ》の桜』。ドラマの舞台となったのは、東北の会津藩（現在の福島県西部）。その名門・山川《やまかわ》家の七人きょうだいの末娘として生まれたのが、山川捨松《すてまつ》です。

時は幕末。会津藩を中心とした〝旧幕府軍〟は、薩摩藩や長州藩が率《ひき》いる〝新政府軍〟に対して、慶応四（一八六八）年から明治二（一八六九）年にかけ、一年数か月間にわたって戊辰《ぼしん》戦争を戦いました。

会津藩の家老を務める山川家は、家族総出で籠城《ろうじょう》。その中に、満八歳の捨松（幼名：咲子）の姿もありました。やがて会津若松城は激しい砲撃にさらされます。

捨松は大人たちに交じって、負傷者の看護や食事の支度《したく》、さらには「焼玉押《やきだまお》さえ」という危険な作業にも当たりました。自陣に撃ち込まれた不発弾を、冷やして爆発しないように処理するのです。時には作業中に爆発し、死傷者が出ることもありました。

　こうして老若男女が藩の存亡を賭《か》けて戦い抜くも、会津藩は壊滅。捨松は賊軍《ぞくぐん》の娘として、明治の世を生きることとなります。その捨松が、十数年後に〝鹿鳴館《ろくめいかん》の華《はな》〟と呼ばれるようになるなんて、いったい誰《だれ》が想像できたでしょう。

　この項では、賊軍の娘からヒロインになるまでの、彼女の人生物語をご紹介します。

十一歳で異国の地へ

　明治初期、近代国家の条件を整えるために欧化政策をとっていた明治政府は、若者を十年間、米国に官費《かんぴ》留学させることを決めます。これに反応を示したのは、明治政府の中核をなす人々ではなく、皮肉なことに、戊辰戦争で賊軍となった東北諸藩や旧幕臣たちでした。彼らはこれを名誉挽回の絶好の機会と捉え、優《すぐ》れた子弟を積極的に応募させたのです。その中に、満十一歳の捨松がいました。

　女子留学生は、彼女を含め五人。渡米前、少女たちは宮中に招かれ、皇后時代の昭《しょう》憲皇太后《けんこうたいごう》（明治天皇の后）より直々《じきじき》に激励の言葉をかけられました。捨松の肩に手をかけられた皇后陛下の目は、涙でぬれています。その慈しみの心がありがたくて、捨松は声を上げて泣きました。この時の感動が捨松の幼《おさ》な心にしっかりと刻まれ、のちにこの日のことを思い起こすたび、「私にとっては珠玉《しゅぎょく》のような思い出です」と遠い目をして語ったそうです。

長い船旅の末にアメリカに到着すると、年長の二人は、ホームシックで早々に帰国。捨松を含めた年少の三人は、遠く離れた異国の暮らしに順応し、異例ともいえる長期留学を全《まっと》うします。捨松は寄宿先で大いにかわいがられ、国際性豊かな教養人へと成長するのですが、思春期に入る前に渡米したことが、幸いしたのかもしれませんね。

一方で、あどけないわが子を送り出す母親の気持ちは、どんなに辛《つら》かったことでしょう。この先、十年という歳月を、見ず知らずの異国で過ごす愛娘《まなむすめ》。お前のことは一度〝捨てた〟と思って送り出そう、でもお前の帰りを一生〝待って〟いるよ――。実は「捨松」というちょっと変わった名は、この時の母の切なる願いからつけられたものでした。

使命感に燃えた留学生活

小さな肩に旧会津藩の名誉と日本国の未来、そして母の思いを背負って海を渡った少女は、努力に努力を重ね、見事に才能を開花させます。留学先の大学では、卒業生総代に選ばれ、その上、卒業論文『英国の対日外交政策』をもとにした彼女の講演は、地元新聞に掲載されるほどの出来ばえでした。

余談ですが、司馬遼太郎《しばりょうたろう》さんの小説『坂の上の雲』に、日露戦争で海軍参謀として活躍した秋山真之《あきやまさねゆき》が登場します。自分が一日怠ければ、日本の進歩が一日遅れる――。若いころに米国留学を経験した彼は、そんな思いで勉学に励んだといいます。

この強烈な使命感と「公に奉ずる」という意識は、おそらく当時の留学生に共通していたのではないでしょうか。その女子の先駆けが、まさに捨松たちだったんですね。

大学卒業後、医療への関心を深めた彼女は、留学期間を一年延長し、上級看護婦の免許を取得します。米国で最新の知識と技術を身につけた自分を、みなが歓迎してくれるに違いない、その期待に必ずや応《こた》えてみせると、彼女は希望で胸を膨《ふく》らませ、意《い》気揚々《きようよう》と帰国の途《と》につきました。

ところが、十一年ぶりに祖国の土を踏んだ彼女を待ち受けていたのは、思いもよらない境遇でした。

千年の時を超える人間学の最高峰
――『源氏物語』を描いた・紫式部②

世の男性が学ぶべきは

『源氏物語』は、女性以上に男性が読むべき物語である、というのが私の持論です。ただし読む際には、注意点があります。それは、当時と現代では婚姻制度がまったく違うということ。現代の倫理観や価値基準で登場人物を裁《さば》いてしまうと、そこからは深い学びが得られません。そういう形式的なことにとらわれず、この物語を通して紫《むらさき》式部《しきぶ》が何を伝えたかったのか、想像を巡らせながら読むことをお勧めします。

それをクリアした上での話ですが、まず世の男性が学ぶべきは、光源氏《ひかるげんじ》の女性に対する接し方でしょう。彼は人前《ひとまえ》で女性を悪く言ったことがなく、二人でいる時も、女性に決して恥をかかせたりしません。それは、単に優しいというだけでなく、女性に対する敬意が根底にあるからです。

さらに、光源氏の父である桐壺帝《きりつぼのみかど》。この方は、もう神の領域というか、女性である紫式部が、理想の男性像を描いたとしか思えないのですが、だからこそ学び甲斐《がい》があるというものです(笑)。

式部が表現した愛

帝は、桐壺更衣《こうい》というただ一人の女性を、全身全霊で愛しました。だからこそ光源氏という、並外《なみはず》れて優れた子どもを授かることができたのです。平安貴族たちが、結婚を出世や勢力争いの道具にしていた時代に、式部は真実の愛の尊さを、そして命の輝きを伝えたかったのでしょう。

やがて帝は、心から愛した女性に先立たれ、悲しみのどん底に突き落とされます。すると帝は、桐壺更衣のお母さんに真心を込めて手紙をしたためるのです。愛《いと》しい人の思い出をお母さんと語り合い、共に悲しみを癒《いや》したいと思われたのでしょう。

手紙を受け取ったお母さんは、帝の誠意に感謝しつつ、帝に会おうとはしません。帝に深く愛されたことが、娘の若すぎる死を招いたとの思いがあり、帝に会えば、悲しみが増すと思ったからです。そんな母心を、帝は慈《いつく》しみの心で包み込み、いっそう優しく接するのです。

人を愛するということは、相手の家族や背負っているもののすべてを受け入れ、愛を注ぐこと。その愛の本質を、式部は桐壺帝を通して表現したのではないでしょうか。

逆境が与えた深み

ところで、『源氏物語』はあれほど有名なのに、作者の式部の人生は謎に包まれています。生没年も本名も不詳。

ただ福井県越前市《えちぜんし》には、こんな話が伝わっています。父の赴任に従い、式部は一時期、越前に暮らしていた、けれども彼女は田舎《いなか》暮らしをあまり好まず、都を恋しがっていた、と。

もしこの話が本当なら、私は、「人生って捨てたものではないな」と思います。なぜなら、本人にとっては気の進まなかったその田舎暮らしが、実は『源氏物語』という作品の奥行きの深さにつながっているように感じるからです。

その象徴が、「須磨《すま》」の巻。時代の寵児《ちょうじ》・光源氏が都を追われ、須磨でうらぶれた暮らしを送ります。よきライバルであり親友でもある頭中将《とうのちゅうじょう》は、源氏を励ますために須磨を訪れますが、そこで待っていたのは、人間としての深みを増した光源氏でした――。

都育ちで貴族社会しか知らなかった源氏が、田舎に来て、初めて農業や漁業を営《いとな》む人々に出会ったのです。源氏は親友に告げます。「貴族は天皇に仕《つか》え、彼らは自然に仕えている。仕える相手が違うだけで、職業や役割に上下貴賤《きせん》はないのだ」と。

なんと味わい深いのでしょう。『源氏物語』は、人間賛歌の物語でもあるんですね。

そして、このような描写は、紫式部が田舎暮らしを経験したからこそ可能だったのではないでしょうか。私はそのことに気づいてから、未来に希望を持てるようになりました。だって、自分にとっては不本意であったり、不遇に思えたりする境遇は、きっと未来の自分に必要だから、わざわざ来てくれたのです。後は受けて立てばいい。

人間の真実の姿を描き、愛の尊さを伝えた紫式部は、置かれた場で「生きる」覚悟を、私に与えてくれたのです。

一番電車に希望を乗せて
――原爆の広島に生きた女生徒たち

名もなき少女たちの奇跡

昭和二十（一九四五）年八月、人類史上初めて原子爆弾が広島に、続いて長崎に投下されました。世界で唯一の被爆国として、誰も経験したことのない復興へと立ち上がった日本。今回ご紹介したいのは、広島復興の希望となり、象徴ともなった出来事です。とはいえ、歴史の教科書に載るような偉人が主人公ではありません。

昭和十八（一九四三）年四月、戦時下の広島に、とある学校が誕生しました。全寮制で働きながら勉強ができ、お給料までもらえる――。七十二名の新入生を迎えて開校したのは、広島電鉄家政女学校。多数の男性職員が戦地に赴《おもむ》いた広島電鉄は、人手不足を解消するために、女学生を路面電車の乗務員として育成しようと考えたのです。

普通学科に加えて、路面電車や路線バスの運行に関する授業も行われ、在学中から車掌《しゃしょう》や運転士として乗務する、実践教育が施《ほどこ》されました。少女たちは、緊張のあまり停留所を飛ばしたり、年ごろの男子にからかわれたり、たくさんの失敗も経験しながら、仲間と励まし合い、一人前の乗務員に成長していきました。

そして彼女たちを乗せた電車は、あの日を迎えます。

電車、動くんじゃあ

昭和二十年八月六日、午前八時十五分、原爆投下——。

路面電車の約九割にあたる百八両が被爆。電柱が倒れ、変電所が潰《つぶ》れ、レールが曲がるなど、広島電鉄は壊滅的な被害を受けました。家政女学校の校舎も学生寮も焼失し、教師一名を含む三十名が、帰らぬ人となりました。乗務中に犠牲になった生徒もいます。

たった一発の原子爆弾が、少女たちの夢も生活も、一瞬にして奪い去ったのです。

広島は死の町と化し、誰もが絶望に打ちひしがれました。

——と、その時です。どん底にあえいでいた少女たちが、広島の人々をあっと驚かせます。変わり果てた街中に、復興の一番電車を走らせたのです。それは、原爆投下からわずか三日後のことでした。

「電車、動くんじゃあ」

崩れた家の周りで瓦礫《がれき》を片付けていた人たちが、次々と振り向き、電車を見上げます。何もかも奪われ、下を向くしかない状況の中、前へ前へと進んでいく一番電車。その先頭で輝く少女たちの姿に、どれだけの人が希望と勇気を与えられたことでしょう。

受けて立つという生き方

日本人の生き方をひと言で表すとすれば、それは「受けて立つ」であると、私は思っています。「受け入れる」という絶対的な受け身の中に、「受けて立つ」という究極の能動がある――。

この生き方は、夢や目標を掲《かか》げ、その実現に向けて努力する生き方よりも、険《けわ》しいかもしれません。なぜなら、夢や目標は得意な分野から見つければいいのですが、「受けて立つ」という生き方は、自分の人生に何が起ころうとも、たとえそれが苦手な分野であろうとも、受けて立つことができる自分であるために、自己を日々磨き上げなくてはならないからです。

この険しくも尊い生き方を、先人たちは貫《つらぬ》いてきました。長い歴史の中で、幾度も戦災や天災に遭《あ》いながら、それらの危機を乗り越え、よりよい社会を築くことができたのは、日本人が「受けて立つ」という気概を持っていたからではないでしょうか。

その気概を十代の少女までもが養い、奇跡とも思える物語を歴史に刻んだ――。

私はそこに、なでしこの底力を見る思いがします。

人間は、時に愚《おろ》かにも戦争を起こし、多くの人を殺戮《さつりく》します。しかしその一方で、大切な人を失い、自分も絶望の淵《ふち》に突《つ》き落とされながらも、かすかな希望を見出《みいだ》し、勇気ある一歩を踏み出すことで、周囲の人々の心に光を灯《とも》すこともできるのです。

私たちは、自《みずか》らの戒《いまし》めとして戦争の悲惨さを伝えるとともに、復興の未来を拓《ひら》いていった名もなき日本人の強さ、美しさ、尊さを、次の世代に語り継いでいきたいですね。

散りぬべき 時知りてこそ
——戦国の宿命に生きた・細川ガラシャ

戦国の世に生を享けて……

時は戦国時代、抗《あらが》いようのない宿命を懸命に生ききった、一人の女性がいました。細川ガラシャ。彼女の本名は〝たま（玉、あるいは珠）〟ですが、ここでは広く知られた〝ガラシャ〟の名でご紹介しますね。

ガラシャの父は、あの明智《あけち》光秀《みつひで》。数え十六歳の時、丹後国《たんごのくに》（現在の京都府北部）宮津城主だった細川藤孝《ほそかわふじたか》の長男・忠興《ただおき》に嫁ぎ、一男一女をもうけます。同い年の忠興は、若いのに戦《いくさ》上手で政治力も抜群。美貌のガラシャと二人が並べば、絵物語の主人公のようなまばゆさを、誰もが感じました。

織田信長が天下を目ざす過程で、政略的に結ばれた二人でしたが、夫は妻を愛し、妻も夫を懸命に支え、着実に愛を育んでいきました。

ところが、幸せなその暮らしも、ある大事件によって突然終わりを告げます。

人生の光となったデウスの教え

天正十（一五八二）年六月、光秀が突如謀反《むほん》を起こし、主君の信長を襲撃しました。本能寺の変です。これ以後ガラシャは、〝逆臣の娘〟という汚名を着せられることとなります。信長に忠誠を誓った細川家から、離縁されてもおかしくない状況でした。ところが忠興が選んだのは、離縁ではなく、ガラシャの幽閉《ゆうへい》でした。忠興は普段から、美貌の妻が他の男の目に触れることさえ嫌がり、彼女に見とれた植木職人を手討ちにしたという逸話が残されるほど、深く妻を愛していました。細川家の体面と妻への愛の板ばさみで、忠興も苦悩したのではないでしょうか。

苦悩の深さは、ガラシャも同じ。幼児《おさなご》と離れ孤独感に苛《さいな》まれる暮らしは、身を切られるほど辛かったでしょう。

およそ二年後、幽閉を解かれたガラシャは、大坂の細川家の屋敷に移りました。新たに二人の男児を授かり、再び幸せが訪れたかのように見えました。しかし夫婦の間には、深い溝が横たわっていたのです。

逆臣の娘という負い目、世間の冷やかな眼差し、夫の歪んだ愛情――。ガラシャは宿命とひたむきに向き合いました。そんな妻の心の叫びを夫は分かち合おうとせず、むしろ追い討ちをかけるように、家臣に命じて昼夜不断に妻の監視を行わせたのです。籠の中の鳥のように、閉塞感に押し潰される日々。やがてそこに、一条の光が差し込みます。デウスの教えでした。彼女が教えに出会ったのは、夫の親友であるキリシタン大名・高山右近の影響とも、入信した侍女の影響ともいわれています。閉ざされた心は、教えに導かれて少しずつ解き放たれ、精気を取り戻していきました。

勇敢な婦人

天正《てんしょう》十五（一五八七）年、秀吉は伴天連《ばてれん》追放令を発令し、宣教師に国外退去を命じました。最後の機会を逃すまいと、彼女はついに洗礼を受けます。洗礼名は〝ガラシャ〟、ラテン語で〝恩寵（神の恵み）〟を意味します。

妻が天下人に背《そむ》いたことを知ると、忠興は激怒。棄教《ききょう》を何度も迫るなど、ガラシャに辛《つら》く当たりました。このころの彼女の唯一の支えは、宣教師のこの言葉でした。

「困難に出会ってこそ徳は磨かれ、美しい光彩を放つようになる」

それから十余年。天下分け目の関ヶ原に臨む石田三成は、敵対する武将の妻を、人質にとる作戦に出ました。徳川方についた細川家にも、三成は軍勢を差し向けましたが、屋敷が敵方に囲まれると、ガラシャは人質となるのを拒み、家老に胸を突かせて絶命。

思わぬ事態に、三成は動揺し、作戦変更を余儀なくされます。人質を無理やりとることができなくなったのです。そのことが、関ヶ原の勝敗に少なからず影響を及ぼしたといわれています。

散りぬべき　時知りてこそ　世の中の　花も花なれ　人も人なれ

この見事な歌で、彼女は生涯を完結させました。時代に翻弄《ほんろう》されながらも宿命を〝恩寵〟として受け入れたガラシャには、どんな苦難ももはや苦難ではありませんでした。

その気《け》高く凜《りん》とした生きざまは、宣教師によってヨーロッパにまで伝えられ、オペラ『勇敢な婦人』として上演されました。悲劇のフランス王妃マリー＝アントワネットが、死を目前にして「ガラシャのようでありたい」と手紙に記すなど、彼女の影響は日本史にとどまらず、海を越えて多くの人々に深い感銘を与えたのです。

君と民とのためならば――将軍に嫁いだ皇女・和宮

身は武蔵野の露と消ゆとも

結婚とは、自分が生まれ育った環境と違う、新たな習慣や文化との出会いでもあります。料理の味付けから家事の手順まで、日常生活の違いに戸惑う女性は多いでしょう。徳川十四代将軍・家茂《いえもち》に嫁いだ和宮《かずのみや》も、その一人です。

武家の頂点に立つ、徳川将軍家。一方、和宮が育った皇室は、公家（貴族や官人）のトップとなる家柄です。武家と公家、日本の歴史を形づくってきた公武を結びつける一大プロジェクトとして、和宮は嫁ぎました。ペリー来航を背景に弱体化した幕府の権威を、皇室と結びつくことで強化し、国難を乗り切ろうという人々の期待を担《にな》って……。

惜しまじな　君と民との　ためならば　身は武蔵野《むさしの》の　露《つゆ》と消ゆとも

輿《こし》入れを前に、和宮が詠んだ歌です。命がけで使命を果たそうとする一人の女性の切なる思いが、胸に迫ってきますね。

実はこの縁組みには、和宮から条件が出されていました。〝御所風儀《ごしょふうぎ》〟、服装や髪型など公私のすべてを御所風にし、武家の風習には従わないというものです。大奥の女性陣、とりわけ大奥を取り仕切る天璋院篤姫《てんしょういんあつひめ》（前将軍・家定の正室）の心は、穏やかではなかったでしょう。

その大奥に、激震が走ります。江戸城に入った和宮が、姑《しゅうとめ》の篤姫に宛てた進物に「天璋院へ」と、敬称もなく名前が書き捨てられていたのです。確かに朝廷の官位でいえば、内親王の和宮は、征夷《せいい》大将軍の家茂や篤姫より位は高かったのですが……。

火花散る中で迎えた、両者初対面の日。篤姫は上座につき、和宮はその左脇の下座に案内されました。官位は和宮が上ですが、当時は長幼の序《じょ》が重んじられ、その感覚でいけば、嫁は当然、姑の下座《しもざ》です。それは、和宮が初めて味わう屈辱でした。その夜、自室で声を忍んで泣いたといわれます。

失意の和宮を救ったのは、夫の存在でした。家茂は側室を置くこともなく、常に細やかな愛情を妻だけに注ぎ続けたのです。そんな家茂に彼女も心を開き、翌年、家茂が上洛した際には、無事を祈って自ら〝お百度《ひゃくど》〟を踏んだそうです。

国家の安寧《あんねい》を願って結ばれた二人でしたが、その仲睦まじさは、おそらく歴代将軍夫妻の中でもナンバー1だったでしょう。

居場所は自分でつくるもの

ところが二人の結婚生活は、わずか四年で終わりを告げます。慶応二（一八六六）年、家茂は大坂で病に倒れ、帰らぬ人となったのです。やがて家茂の遺体とともに届いたのは、彼が妻のために自ら選んだ西陣織でした。愛する人の優しさ溢れる遺品を抱きしめ、和宮は涙にくれました。まさに絶望の日々……。

しかし、そのどん底で、和宮ははたと気づきます。この悲しみを分かち合える人が、たった一人いることに。篤姫もまた、結婚から二年で夫を亡くした身。同じ境遇に立たされた二人は、互いを思いやり、女の友情を育んでいきました。

翌年、大政奉還、王政復古の大号令と時代は大きく動き、ついに戊辰戦争に突入。この徳川家存亡の危機に際し、二人は心を一つにして立ち向かいます。まず和宮が甥の明治天皇に、続いて篤姫が攻め上がる官軍の指揮官・西郷隆盛に、徳川家存続を懇願する書状を送ったのです。

江戸城の無血開城という日本史上最も美しいメロディーが奏でられた時、二人の胸には万感の思いが去来したことでしょう。

徳川家存続を見届けた後、京に移った和宮は、明治七（一八七四）年に再び東京へ。もはや彼女の居場所は故郷の京ではなく、固い絆《きずな》で結ばれた人々が暮らす、東京にあったのでしょう。

ある日、篤姫と連れ立って、旧臣の勝海舟《かつかいしゅう》を訪ねましたが、食事の準備で事件が起こりました。自《みずか》ら給仕をしようと、二人の女性が互いに譲らないのです。海舟の機転でお櫃《ひつ》が二つ用意されると、和宮が篤姫の分を、篤姫が和宮の分を同時に給仕して、一件落着。海舟も、ほっと胸をなでおろしたことでしょう。

それにしても、かつて〝自分流〟を通し、いがみ合った二人が、これほど相手を立て合うとは、なんとも微笑ましいですね。

御所と大奥、その環境の違いに戸惑い、時に傷つきながらも、和宮は立場を超えて相手を思いやることで、居場所を築いていきました。居場所は誰かに与えてもらうものでなく、自ら築くもの。和宮の生き方は、私たちに素敵な気づきを与えてくれます。

屈辱を幸せに変えて
——国家資格を持った日本初の女医・荻野吟子①

なぜ女だけがこんな目に

〝お花見〟は、日本独特の風習といわれますが、満開の桜の下で気のおけない仲間と過ごすひと時は、格別ですね。

けれども日本人は、満開の桜だけを愛《め》でてきたのではありません。はらはらと風に舞う花びらを〝桜吹雪〟、散った花びらが水面《みなも》に浮かび漂《ただよ》う様子を筏《いかだ》に見立てて〝花《はな》筏《いかだ》〟、さらに花が散った後の木を〝葉桜《はざくら》〟と呼び、新緑の香りと美しさを愛でました。散りゆく姿をいつまでも惜しむのではなく、その移ろいを受け入れ、一瞬一瞬に楽しみを見出してきたのです。

私はここに、日本人の心の美しさを感じます。そしてそれは、どんな状況も受け容《い》れ、包み込み、幸せを見出してきた、なでしこたちの生き方にも重なります。

女性であるがゆえの不条理を糧《かて》に、近代日本初となる女性医師の道を切り拓《ひら》いた荻《おぎ》野吟子《のぎんこ》も、まさにそんな生き方を貫きました。

吟子が生まれたのは嘉永四（一八五一）年、黒船来航の二年前にあたります。現在の埼玉県熊谷市の裕福な農家に生まれた吟子は、教育熱心な両親のもとで何不自由なく育ち、儒学《じゅがく》を通して学問を深めていきました。

才色兼備と評判の吟子は、十七歳の時に地域有数の豪農に嫁ぎます。誰もが羨《うらや》む、名門の御曹司《おんぞうし》との結婚。でもそこで彼女を待ち受けていたのは、あまりにも悲しい運命でした。女遊びに興《きょう》じる夫から、性病を移されたのです。

吟子は高熱と腹痛に苛《さいな》まれ、子を授かることのできない体となって、実家に帰されます。そして、そのまま協議離婚。なぜ女だけが、このような屈辱と悲しみに耐えないといけないのでしょう。吟子は心に深い傷を負いました。

絶望の淵で見つけたかすかな光

そんな彼女を、さらなる試練が襲います。治療のため入院した吟子は、男性医師に局部を診察され、その様子を男子医学生が見学するという、耐え難《がた》い羞恥《しゅうち》と屈辱を味わうこととなるのです。

二十歳になるかならないかという若い女性にとって、それは、まさに地獄の日々でした。その地獄の苦しみにも似た入院生活は、約一年続きました。

ところが、この恥辱《ちじょく》にまみれた日々の中で、彼女はかすかな光を見つけます。それは、自分と同じ悲しみを背負い、苦痛に耐えて治療を受ける女性たちの存在、さらには女性医師がいないがために治療を厭《いと》い、病を悪化させて苦しみ続け、ついには死に至る女性たちの存在でした。「彼女たちを救いたい」という思いが、ふつふつと湧《わ》き起こってきたのです。

彼女たちのために医師を目ざそうと、心に誓う吟子。希望の〝希〟は、〝まれ〟と読みますから、本来は絶望の淵で見つけたかすかな光を〝希望〟というのかもしれませんね。

社会を涙と堕落の淵から救わん

「誰か一人奮《ふる》ってこの大任にあたり、社会を涙と堕落《だらく》の淵より救うものぞ――」

吟子は自分の志《こころざし》を、このように表現しました。社会を救う〝誰か〟に自分がなるのだという、強い決意を表したのです。

二十三歳で東京に出た吟子は、私塾や東京女子師範学校（現・お茶の水女子大学）で基礎を学んだ後、医学の道に進むべく、専門知識を身につけるための準備に入りました。当時の医学校は女人禁制でしたが、本人の熱意と支援者の協力で、なんとか入学を許されると、猛勉強の末、抜群の成績で卒業。

吟子はいよいよ最後の関門である、医師の開業試験に挑もうとしました。ところが、女性医師は「前例がない」からと、彼女の願書は却下されます。どこまでも彼女を苦しめる、女性であるがゆえの不条理。

でも吟子の志は、そんなことで諦《あきら》めるような薄っぺらいものではありません。彼女は、もし日本での受験が本当に叶わないなら、海外で資格を取ろうと、覚悟を決めていたといわれています。これだけの覚悟を持った人間を、天が応援しないわけがありません。吟子に、ある妙案が浮かびました。

そうだ、前例を見つければいいのだ！　吟子は調べに調べ、ついに『令義解《りょうのぎげ》』という平安時代の法令の解説書に、女性医師の規定が書かれているのを見つけ出します。これぞ女医の存在を裏付けるもの！

まさに固い岩盤に風穴が開いた瞬間でした。

女性の生きる環境の改善を
――国家資格を持った日本初の女医・荻野吟子②

悲しみを乗り越えて

吟子《ぎんこ》は晴れて、医師の開業試験に挑戦できることになりましたが、そこまでの道のりは、決して平坦《へいたん》ではありませんでした。受験の前年、彼女は最愛の母を亡くしているのです。「死ぬ間際《まぎわ》まで、うわごとのようにおまえの名前を呼んでいた」と語る兄の言葉に、三十三歳の吟子は、幼女のように泣きじゃくりました。

幼いころ、溢れるほどの愛情を注いでくれた母。周囲から「出戻り」と蔑《さげす》まされた時も、病に臥《ふ》して絶望のどん底にいた時も、母はいつも変わらず私に寄り添ってくれた。

それなのに私は、母に心配ばかりかけて、ついに女医となった姿を見せることさえ叶わなかった。その上、今なお受験の目処《めど》も立っていない。私の選択は間違っていたのではないだろうか。

母を失った悲しみがあまりに深く、吟子はしばしばそんな思いに襲われました。しかし彼女は、そのたびにあの診察台での屈辱を思い出し、心を奮《ふる》い立たせたのです。前項でお伝えしたとおり、その後、吟子が女医の前例を見つけたことで局面が変わり、彼女は開業試験に挑むことができました。それは、母の愛が起こした奇跡だったのかもしれませんね。

日本初、国家資格を持った女性医師に！

見事に難関を突破した吟子は、三十四歳にして、国家資格を持つ日本初の女性医師となりました。絶望の淵に突き落とされた彼女が、かすかな希望の光を見つけ、医師になろうと志してから、ちょうど十五年が経とうとしていました。

吟子は、東京に産婦人科の「荻野医院」を開業。待合室から患者が溢れ出るほど、大盛況だったそうです。それだけ女医の診察を待ち望む女性が多かったのでしょう。

ここから吟子の志は、さらに発展していきます。性病に苦しむ女性たちと接する中で、医療の限界を感じた彼女は、やがて女性の生きる環境そのものを改善しようと考えるようになったのです。吟子はキリスト教に入信すると、社会奉仕や婦人参政権運動、廃娼《はいしょう》運動に力を注ぎました。

何事にも一途《いちず》な吟子は、四十歳の時、信仰の縁で出会った十四歳年下の男性と再婚。その翌年、夫はキリスト教の理想郷を建設する夢を抱き、北海道に渡ります。吟子はおよそ三年間、東京で医療活動などを続けながら、その収入で夫を支えていましたが、明治二十七（一八九四）年に荻野医院を閉鎖し、以後は北海道の夫のもとで生活しました。

憂きことも幸とこそしれ

崇高な理想を掲げ、極寒の地で、開墾《かいこん》と耕作に明け暮れる日々。けれども努力はなかなか報われず、北海道に渡って十余年、夫が病に倒れてしまいます。そしてついに四十一歳の若さで、帰らぬ人となったのです。

失意の中、吟子は帰京し、医院を再開。北海道でも吟子は細々と医療に携《たずさ》わってはいましたが、日進月歩の医学界にあって、もはや彼女は忘れ去られた存在でした。夫の死から八年、吟子はひっそりと六十三年の生涯を閉じたのです。

私は吟子を心から尊敬します。でもその半面、気の毒で仕方ありませんでした。吟子が晩年に遺《のこ》した歌に出会うまでは……。

憂《う》きことも　幸《さち》とこそしれ　久方《ひさかた》の　神の恵《めぐみ》の　かかるわが身は

女医の道を切り拓き、歴史に燦然《さんぜん》と輝く一ページを刻んだ時も、傍目《はため》には不遇と映る後半生も、彼女はどんな時も神に愛されていると信じ、その幸せをかみしめながら精いっぱい生きたのです。きっとその人生は、感謝に溢れ、心に曇りのない、誇りに満ちたものだったに違いありません。

吟子の死からおよそ百年、ふるさと・埼玉県熊谷市の天文同好会の方が、火星と木星の間の軌道を回る小惑星を発見しました。この小惑星の名前を熊谷市が公募した結果、選ばれたのは〝Ginkoogino〟。彼女の人生は、世紀を超えて地元の人々の誇りであり続けたのです。

夜空を見上げれば、吟子に会える！　後輩のなでしことして、これほどうれしいことはありませんね。

広島電鉄家政女学校　広島電鉄が戦時下の昭和十八（一九四三）年四月に開校した、全寮制の女子実業学校。国民学校高等科を卒業した女子を対象に、乗務員育成のための教育が施された。昭和二十（一九四五）年九月に廃校となる。

細川ガラシャ（一五六三－一六〇〇）　明智光秀の次女、細川忠興の妻。本名は玉。宣教師によりヨーロッパに伝えられたガラシャの生きざまはオペラとなり、ウィーンで初演された。

和宮（静寛院宮、一八四六－一八七七）　江戸幕府十四代将軍・徳川家茂の妻。仁孝《にんこう》天皇の第八皇女。墓所は芝増上寺。

荻野吟子（一八五一－一九一三）　日本の近代女性医師の第一号。明治女学校教師兼校医なども歴任。熊谷市（埼玉県）とせたな町（北海道）に碑がある。

特別対談

「なでしこの歴史は

清水克衛《しみずかつよし》

本のソムリエ

昭和36（1961）年、東京生まれ。大学時代、司馬遼太郎の『竜馬がゆく』に感動し、商人を志す。10年間、大手コンビニエンスストアの店長をつとめ、平成6年、東京・江戸川区に書店「読書のすすめ」を開店。15年にはNPO法人「読書普及協会」を設立。現在、読書のすすめ店長。読書普及協会顧問。著書に『魂の読書』（扶桑社）、『凜とした日本人になれ』（イースト・プレス）など多数。

〝輝き〟のリレー」

白駒妃登美《しらこまひとみ》

博多の歴女

埼玉県生まれ、福岡市在住。慶應義塾大学卒業後、大手航空会社に入社し、国際線に約7年間乗務。2012年、日本の歴史や文化の素晴らしさを国内外に広く発信する「株式会社ことほぎ」を設立。本格的に講演活動を開始する。平成30年より公益財団法人モラロジー研究所特任教授。著書に『歴史が教えてくれる日本人の生き方』『幸せの神様に愛される生き方』（育鵬社）など多数。

強さは優しさ

清水　「なでしこ歴史物語」を読んでいて感じるのは、女性が持つ強さです。最近はスポーツの世界も政治や経営の世界でも、男性より女性のほうが強いですよね。江戸時代の古典落語を聞くと、どう考えたっておかみさんのほうが強い（笑）。どんな男でも、産むのは女性ですからね。

白駒　確かに、古典落語の世界はかかあ天下ですね。ただ、ひと言で日本女性の強さといっても、いろんな強さがあるなと思うんです。私が皆さまにお伝えしたいなと思う〝なでしこ〟の人物像には、一つの基準があって、まず女性であることをウリにしてのし上がっていくタイプの強さはちょっと違う。また逆に、女性であることを捨てて、男性に伍《ご》していこうと髪を振り乱しているのも、違うんじゃないかと思って。女性だからこそできることを自然体ででき、また自分が女性であることを自然に受け入れることができる女性に、私は魅力を感じるんですね。

清水　強い人って優しいですからね。会社で一番、権限があって強いのは社長ですよね。家だと奥さんになるわけですが、権限が強い人がいばっていたらうまくいかないんです。権限がある強い人こそ、優しくならなければならない。だから、僕は女性にお願いしたいんです。強いんだから優しくしてねって（笑）。

白駒　本当ですね。優しさを貫《つらぬ》くには、絶対、強さが必要なので。

清水　そうなんですよ。女性は弱いふりをしないで、強いんだって自覚を持っていただきたいですね。例えば、よくいわれるのは戦争で捕虜になり手足を縛られると、多くの男性は参ってしまって、食事を与えられても食べられない。でも、女性はバリバリ食べることができるって。

白駒　生きることへの執着という点では、女性のほうがあるかもしれないですね。例えば、突発的な事故や病でもう自分がどうなるか分からないという時、遺書を書くのはほとんどが男性といわれます。女性は最後までなんとかして生き抜くことにエネルギーを費やそうとするんですね。

清水　脳の仕組みがそもそも違うんです。男性は理屈脳で、女性は感情脳だから。本の買い方を見ていても、男性と女性は明らかに違います。男性はずっと立ち読みして、迷いに迷いながら、やっと一冊を決める人が多いですよね。でも女性は、ぱんぱんって決まります。男が何を買うかになぜそこまで時間をかけるのかというと「一ミリも損したくない」からですよ。レストランに行っても、メニューを決めるのに迷うのって男じゃないですか。「これ食べておいしくなかったらどうしよう」とか。

白駒　確かにそうかもしれませんね。

清水　でも「一ミリも損したくない」というのはおかしなことで、失敗しなきゃ分からないことってあるじゃないですか。経験から人は学ぶわけですから。

白駒　子育てをしていても、それは実感します。私には二人の子どもがいて、上が女の子で下が男の子ですが、育てながら、男はなんて女々しく、女はなんて潔《いさぎよ》いんだろうって思うんです。昔の人が「男は男らしく、女は女らしく」と教育したのは、もしかしたら中身が逆だから、バランスをとろうとして、あえてそう教えたんじゃないかと思います。

清水　そうですね。男は体が弱いし、強く育てないと生き抜いていけませんから。

白駒　私が「男女の本質は本来、逆なんじゃないか」と言うと、男女両方を育てた経験のある母親はみな「本当、そうだね」と言いますね。違うと言われたことがないです。きっと読者の皆さまにも共感していただけるんじゃないでしょうか。

日本文化を花開かせた遺伝子

清水　それはなぜかと考えた時に、最近はいろいろな生き方の選択肢があって一概にいえませんが、女性は出産をし、子育てをしますよね。それはきっと究極の「積極的自己犠牲」じゃないかと思うんです。よく知られているアブラハム・マズローの欲求五段階説の一番上は、自己の内面的な欲求を満たすために生きようとする「自己実現の欲求」だとされていますが、実はさらにその上があって、それが「積極的自己犠牲の欲求」だといわれています。

白駒　世のため人のために、つまり「利他的」に生きようという欲求ですよね。

清水　そうです。そう考えると、日本の歴史や文化って「積極的自己犠牲」の遺伝子によって成り立ってきたと思うんですよね。３・11の時もそうでした。あれだけの災害で自分のことさえ大変なのに周囲のことを考えて、和を乱さなかった。

白駒　日本人の「積極的自己犠牲」が歴史をつくったというのは、私もそう思います。そもそも西洋の社会と日本を比べた時、根本的に違うのは〝永遠〟に対する考え方なんですよね。例えば、西洋の人は永遠を求めるからこそ、建物を石やレンガで造ります。少しでも長い間存在していることが、永遠に近づくことだと考えるんですね。

一方、地震や津波など自然災害が多い日本では、どれほど頑丈に建物を建てても、その命が永遠ということはないわけです。

それでは、どうやって日本人が永遠に近づこうとしたのか。そのヒントは、伊勢の神宮にあります。神宮は常に瑞々《みずみず》しさを保つ「常若《とこわか》」の思想に基づいて、二十年ごとにお社《やしろ》を建て替える「遷宮《せんぐう》」をすることで知られています。普通に考えたら、立派な木材なら数百年は持ちますし、二十年というスパンはあまりにも短い。どうして二十年だろうと考えてみたのですが、この二十年という年数は、実はお宮を造り、維持していく宮大工が、一人前になるのに要する時間とぴったり一致しているんです。つまり、伊勢神宮が二十年ごとに遷宮を続ける限り、宮大工の技術は、未来永劫継承されていく。建物の命が永遠であることはあり得ませんが、技術力があればいつだって再建できる。人から人へ精神と技術を受け継ぐことで、有限の中に無限を見出したところに、私は日本人の永遠観があると思うんですよね。それはきっと、人の命も同じように考えていたのかなと。肉体は有限、でも肉体が滅んでも、その人の思いや生き方を誰《だれ》かが受け継ぐことができたら、その人の命は永遠である。だから肉体が生き長らえることを考えるよりも、誰かに受け継いでもらえるような生き方をしようと、全力投球してきた。そこに日本人の根底があるような気がするんですね。

清水　分からない人にとっては「なんて手間のかかる面倒くさいことをするんだ」ということを日本人は積み重ねてきたわけですよね。今の日本の危機は、そういう手間のかかる面倒なことをする精神性や文化が、若い世代に引き継がれなくなっていることです。異性と付き合うのも面倒くさい、結婚するのも面倒くさい、会社に勤めるのも面倒くさい。「面倒くさい症候群」の広がりが、日本の軸を傾けていくと思いますね。

白駒　本当ですね。

清水　僕自身、気づいたからよかったけれど、ふと「面倒くさいな」って思う時が増えていましたから。

白駒　知らず知らずに毒されますよね。誰でもあることです。

清水　「内側の永遠性」というものが失われていくことこそが、日本の危機ですよ。やがてＡＩ（人工知能）が暮らしの中にもっと入ってきたら、面倒くさい症候群はさらに広がるでしょうね。

白駒　手間を嫌う合理化、効率化というのは西洋的ですよね。日本人が担ってきたのは文明よりも文化で、文化って、むしろ無駄の中にこそ花開くわけじゃないですか。

清水　その中に、発明や直感が入ってくる。

白駒　必要なことだけをしていたら、文化はなかなか花開きませんよね。必要なものというのは、いま必要なのであって、「この先の長い人生に必要かどうか」という視点がないんです。意外と「今は必要ないから無駄」と思えることの中にこそ、この先の人生を豊かにしてくれるものがあるのではないでしょうか。

清水　うちによく「自己啓発本が読みたい」という若い子が来るんですが、こう言ってあげます。「そんなんじゃなくて、歴史に学んだほうがよっぽど自己啓発だよ」と。自己啓発本って読んだその時だけ、高いゲタを履いたような、自分が周りよりも一段高くなったような気分になるんだけれど、人生を豊かにするかというと必ずしもそうじゃない。だから、本当の自己啓発って、歴史から学ぶことだと思うんですけどね。

否定が本物をつくる

白駒　二〇一八年の大河ドラマ『西郷《せご》どん』は西郷隆盛ですが、私はがんの宣告を受けて闘病していた時に、西郷さんから生きる意味を気づかせてもらいました。西郷さんは薩摩藩の複雑な人間関係が災いし、三十四歳で沖永良部島《おきのえらぶじま》への島流しに遭《あ》うんですが、野ざらしの牢《ろう》で雨風にさらされ、いつ死んでもおかしくないという日々を送ります。その暮らしの中で何をしたのか。西郷さんは毎日、座禅を組み、そして読書をしたんですね。特に古典を何百冊と読むんです。中でも西郷さんの魂がしびれた本が二冊あって、一冊は陽明学の祖である王陽明《おうようめい》の『伝習録』、もう一冊は佐藤一斎《さとういっさい》が数十年という歳月をかけ、人としての生きるべき道、リーダーの心得を説いた『言志四録《げんししろく》』です。特に『言志四録』に関しては何回も読み返して、その膨大な中から特に自分の肝《きも》に銘じておきたいというものを百一か条選んで、抜き書きしています。それが西郷さんの死後、鹿児島の親類の家で見つかるんですね。何部か写しとられ、そのうちの一部が、西郷隆盛を最も愛した人の手元に届けられます。西郷さんを最も愛した人とは、明治天皇のことです。

明治天皇は届けられた、その抜き書きを手にされた時、思わず喜びを顔に浮かべ「朕は再び西郷を得たぞ」と叫ばれたと伝えられています。それくらい明治天皇は西郷の人格、生き方に感銘し、それをわがものとされていたんですね。そこまで人を感化する、西郷さんの人間力はどこで培われたのかといったら、私はあの沖永良部島での逆境に、大きな意味があったんじゃないかと思うんです。実際に大久保利通は、沖永良部島から戻ってきた西郷さんを見て驚くんですね。まったく人が変わったと。以前は割に短気なところもあったけれど、それがなくなり、思慮深くなったと。

この西郷さんの生きざまに触《ふ》れて、私は自分の身に起こることはすべて「過去の結果」と思ってきたけれど、むしろ「未来に必要なこと」が起こっていると、発想の転換ができました。人生は「なんでこんなことが起こるの」ということの連続です。私も目の前の医師から「もう助からない」と言われ、一時は希望を失いかけましたが、「未来に必要なことが、今、私に起こっているんだ」と思ったら、生きる力がわいてきたんです。

清水　鈴木大拙《すずきだいせつ》は、人間は否定が入らないと本物にならないといいますが、まさにそれですね。「常楽我浄《じょうらくがじょう》」といって無常、苦、無我、不浄という否定が入ってこそ、常・楽・我・浄の本物の世界に到達できる。白駒さんは病気になられて一回、否定が入って、本当の言葉を得たんだと思うんです。今は、いろいろな言葉が氾濫《はんらん》するけれど、みんな否定が入っていないんで、上《うわ》っ面《つら》だけなんですよね。

その点、右脳教育の七田眞《しちだまこと》先生が膨大な読書の中から発見された「成功の三条件」は、第一が極貧、第二が大病、そして第三が信頼している人に騙《だま》されること。実際、七田先生は若くして極貧と大病を経験され、三番目だけが未経験だったそうです。それが、七田チャイルドアカデミーを立ち上げる時に、アイディアマンとして一緒にやってきた人に心を許したら、何億ものお金を持って逃げられてしまった。その時、七田先生は「やっと三つ目がきた。これでおれはOKだ」と喜んだって言っていました（笑）。

白駒　その三条件は、歴史の偉人にも当てはまりますね。

清水　伝記などを読んでみると、ほとんどがそうですよね。でも、それが今はない。否定が入りづらい世の中です。なぜ入りづらいのかというと、従順で逆らわないのが「いい人だ」という〝常識〟に変にとらわれて、冒険をしないからですよ。僕がよく言うのは、世の中は陰と陽の循環法則ですから、子どものころに我慢したり理不尽に耐えたりする陰の時代を経験しておくと、大人になって陰が極まって陽転し、人生が花開くんです。子ども時代を「大丈夫、大丈夫」って陽で育てていると、大人になって陽が極まって陰転し、何をやっても「面倒くさい」になっちゃう。

白駒　あえて理不尽な環境に子を置くって、大事ですね。これも人としての優しさであり、親の愛ですね。

清水　だから僕、柔道をやっていて本当によかったと今、思いますよね。ものすごい理不尽でしたから（笑）。駅でもどこでも先輩に会ったら、「ちわーっ」って大きな声で挨拶《あいさつ》をしないといけないし、先輩がたばこを手に持ったら遠くから走ってでも火をつけに行かなきゃいけないし。その時はイヤでしょうがなかったけれど、今思うと、それがなかったら僕はとっくに「面倒くさい症候群」になっていたと思いますね。

白駒　「否定が入って本物になる」というのは、歴史そのものもそうだと思います。先日、山形県の鶴岡に講演に呼んでいただいたのですが、鶴岡は江戸時代、庄内藩の城下町でした。実は庄内藩は、戊辰戦争のきっかけをつくった藩なんですよね。というのも、庄内藩の酒井家は徳川四天王の筆頭で、最後まで幕府を守ろうとするわけです。そこへ「徳川家が残っていたら新しい国づくりはできない」と考えた明治新政府が、戦う口実がほしいがために、薩摩藩を中心に江戸でいろいろな挑発行為を行わせるんです。それに対して、江戸市中警護を担っていた庄内藩が、薩摩藩邸の焼き討ちをしたことから、戦端が開かれたんですね。ところが庄内藩は、日本一の大地主で大富豪の本間家が私財を投じて発展に尽くしたこともあって、薩長に匹敵する最新兵器を備えているし、酒井家と領民たちとの結びつきも強いので、七回戦って、新政府軍に一度も負けなかったのです。結局、新政府軍は一歩も庄内藩の領地に足を踏み入れることさえできませんでした。

ただ、会津をはじめ幕府を支えていた勢力が次々に降伏したので、それに従い、ついに官軍を城内に受け入れることになります。恨《うら》み骨髄の薩摩が自分たちを許すはずがないだろうと、庄内藩の人たちは思っていたそうです。藩主の酒井忠篤《さかいただずみ》は切腹覚悟で白装束で迎えるわけですが、西郷さんは、昨日まで戦っていた敵ではなく、これから共に新しい日本を築く仲間として庄内藩を寛大に受け入れ、酒井忠篤の武士としての名誉も傷つけることなく遇したんです。その恩に庄内藩は〝倍返し〟をし、明治に入ると、兵学修行として藩主以下七十数名が、鹿児島の西郷さんのもとに学びに行っています。それからもたびたび西郷さんを訪ねてはその謦咳《けいがい》に接し、人としての生きるべき道から国家のあり方まで、〝聞き書き〟をまとめるんです。のちに西南戦争で西郷さんが逆賊の汚名を着せられると、庄内の人々は、「西郷先生の汚名を晴らすために、その生き方を後世に残したい」と、日本中を歩き回って志高い人々に配るんですよね。これが『南洲翁遺訓《なんしゅうおういくん》』として、世紀を超えて読み継がれることになるんですが、私はこの話が大好きです。敵味方として戦った者同士がそれを乗り越えて、魂のレベルで響き合うような強い関係をつくる。否定が入ったからこそ本物の関係になれたのかなって思うんですよね。

清水　そういう恨むような相手とまさか、そんな関係になるなんて、偶然と思えるようなことも「必然」だったと受け止める、そのセンスが日本人の素晴らしさだと思うんです。合理的に説明しろといわれたら難しいけれども、そこに間違いなく意味はある。意味があると受け止めるわけですよね。それはさっき、白駒さんがおっしゃっていた「未来に必要なこと」が起きているということですよね。

白駒　ですから、最近よく聞く「生産性」とか「効率」という言葉は、ある意味、盲点ですよね。確かにそれも大事ですが、それだけですべてを判断したら、効率は悪いけれど意味はあるというものが、どんどん切り捨てられてしまいます。もっと時間的にも空間的にも、広い視野を持つことも合わせて大切にしたいですね。今の自分にはマイナスと思えても、将来は必要だったり、社会全体の繁栄につながったり。歴史のような長い時間軸で見たら、意味や価値が変わることってたくさんあると思うんです。私は、歴史を学ぶ意味が、そこにある気がします。

清水　日本では歴史を習う時に左から右の直線の年表で習うじゃないですか。それが間違いで、あれだと古いものがいつも劣っていて、右にいくほど新しくて優れているという錯覚が刷り込まれてしまう。そうではなくて、本当は歴史は「円」で考えて、その真ん中に自分がいて、どの時代でも等間隔で捉える。そうするべきだと思いますね。

なでしこのパールネットワークを

白駒　自分を中心に歴史を円に見るという見方、とてもいいですね。『なでしこ歴史物語』を書きながら、いつも感じるのは、何百年、何千年前の遠い過去の偉人からも、今を生きるエネルギーをいただけることです。以前、本居宣長《もとおりのりなが》の弟子だった帆足《ほあし》京《みさと》を取り上げた時に、三重県松阪市にある本居宣長記念館に行ったんですが、吉田館長からとても素敵な言葉をいただきました。宣長といえば、『古事記』に光を当て、『源氏物語』の本質を紐解《ひもと》き、『万葉集』の歌人を生き生きとよみがえらせてくれた人ですよね。これらの古典に私は感性を養われたし、人間力を育ててもらったなと思っていますが、もし宣長がいなかったら、こんなに身近な作品として味わえなかったはず。その意味で「私は本居宣長に感謝しています」と館長さんに伝えたんです。

そうしたら館長さんが、「白駒さんはパールネットワークという言葉をご存じですか」と。三重県は真珠の産地ですから、そこに由来する言葉かと思ったら、そうじゃない。「パールというのは一粒一粒も美しいけれども、それが連なることで、よりお互いが美しさを引き立て合い、輝かせ合ってますよね。実は私は、人間も一緒だと思うんですよ。確かに本居宣長によって、『古事記』の神々も『万葉集』の歌人たちも『源氏物語』を書いた紫式部も輝きをより放ちましたが、逆も言えるんです。彼らがいたからこそ、宣長が輝いている。そういう意味で、人間関係は鏡であり、与える側と受け取る側があるのではなくて、お互いが影響を与え合い、受け合って、輝き合っている存在なんですよね」と。それを聞いて心から感動してしまいました。みんなでしこの歴史と今を生きる私たちの関係も、まさにこのパールネットワークだなって思うんです。

清水　それは本と読む人の関係もそうですよ。よく立ち読みをしていて、本をパラパラっと読んで、「これは簡単だ」「いや難しそうだ」って言う人がいるんですが、本自体に難しいとか簡単とかはないんです。そういう人に僕はこう言います。「よく考えていただきたいんですが、簡単そうだと見えるのは、自分が知っていることが書かれているから簡単だと感じるんですよね。難しいなと思うのは、自分の知らないことが書かれている可能性があるわけだから、そういう本を買ったほうがお得ですよね。自分の知らないことを知ることになるわけですから」って。まあ、ほとんどの方は簡単そうだということで選んじゃうんですけどね（笑）。でも、それは本の本来の役割ではないなって思います。本が何かを一方的に与えてくれるのではなく、自分の魂のレベルがあがった時に、それまで分からなかったことが分かるようになり、自分にとっての本の価値が高まるわけです。

白駒　「難しいと思う本ほど読まなきゃいけない」というのは、本だけではなくて、人生にもいえますよね。それを私に一番、分からせてくれたのは、この「なでしこ歴史物語」の連載なんです。

私は基本的に「来るもの拒まず去るもの追わず」と決めているので、スケジュール的に可能であれば、ご依頼いただいたものはすべてお引き受けするんです。ちょっと自分には難しいかなって思っても、頼んでくれた人は、私にできると思ったから頼んでくださったのでしょうから、その期待に応えたいって思うんですね。実は、自分が知っている自分ってほんの一部なんじゃないか、むしろ自分を一番分かっていないのは自分自身じゃないかって思うんですよ。もしかしたら、私に依頼してくださった方は、私が自分で気づいていない能力や可能性を分かっていて、私に依頼してくださるのかなって。

モラロジーさんから「なでしこ歴史物語」の連載のお話をいただいた時も「来るもの拒まず」でお引き受けしましたが、内心は半年持つのかなって、不安だったんです。だって歴史は「History」つまり「His」「Story」ですから、主役は男性ばかり、女性だけを取り上げて連載してもすぐにネタがなくなるのではないかと……。でも、実際に始めてみたら、もちろん苦労もありましたが、なでしこを発掘していく過程で「こんなに楽しい仕事はほかにない」と実感したんです。ただ自分がやりたいことや自分にできそうなことだけやっていたら、この楽しさは絶対、味わえなかったと思うんですね。私の人生を輝かせてくれた『なでしこ歴史物語』と、いつも温かい励ましで私に勇気をくださった読者の皆さまに、心から感謝しています。

【主な参考文献】

『日本のこころの教育』『源氏物語に学ぶ人間学』境野勝悟（致知出版社）
『人間力を高める脳の育て方・鍛え方』井口潔（扶桑社）
『なでしこ日本史』渡部昇一（扶桑社）
『万葉のいぶき』『万葉の人びと』犬養孝（新潮文庫）
『乙女の日本史』堀江宏樹、滝乃みわこ（角川文庫）
『人づくりと江戸しぐさおもしろ義塾』越川禮子、桐山勝（MOKU出版）
『絵解き　江戸しぐさ―今日から身につく粋なマナー』和城伊勢（金の星社）
『考証　江戸の面影一』稲垣史生（グーテンベルク21）
『物語 幕末を生きた女101人』『物語 戦国を生きた女101人』『物語 明治・大正を生きた女101人』歴史読本編集部（新人物文庫）
『歴史をさわがせた女たち・日本篇』『歴史をさわがせた女たち・庶民篇』『新・歴史をさわがせた女たち』永井路子（文春文庫）
『戦国おんな絵巻』永井路子（光文社文庫）
『日本人の誇り103人―元気の出る歴史人物講座』岡田幹彦（光明思想社）
『女たちの明治維新』鈴木由紀子（NHK出版）
『鹿鳴館の貴婦人　大山捨松―日本初の女子留学生』久野明子（中公文庫）
『明治の女子留学生―最初に海を渡った五人の少女』寺沢龍（平凡社）
『ジャパン発見伝』山本茂（展転社）
『花神』司馬遼太郎（新潮文庫）

『杉家の女たち―吉田松陰の母と3人の妹』鳥越一朗（ユニプラン）
『光明皇后―平城京にかけた夢と祈り』瀧浪貞子（中公新書）
『細川ガラシャ 散りぬべき時知りてこそ』田端泰子（ミネルヴァ書房）
『福翁自伝』福澤諭吉、富田正文（慶應義塾大学出版会）
『新編日本古典文学全集 枕草子』清少納言（著）、松尾聡、永井和子（訳）（小学館）
『新編日本古典文学全集 源氏物語』紫式部（著）、阿部秋生、今井源衛、秋山虔、鈴木日出男（訳）（小学館）
『新・平家物語』吉川英治（講談社／吉川英治歴史時代文庫）
『意外！なるほど！日本史人物とっておき50話』土橋治重（PHP究所）
別冊歴史REAL『幕末・明治を生きた女性たち』洋泉社MOOK
特定非営利活動法人国際留学生協会サイト http://www.ifsa.jp/index.php?nihonnogenryu
長崎商工会議所女性会事務局HP http://www.nagasaki-cci.or.jp/nagasaki/josei/ijin.html
大同生命HP「大同生命の源流―加島屋と広岡浅子」http://kajimaya-asako.daido-life.co.jp/
山陰中央新報／WEBマンガ『原爆に遭った少女の話』／NHKテレビ『歴史秘話ヒストリア』

【取材協力】

平尾山荘（福岡県福岡市）／立花家資料館（福岡県柳川市）／恵蘇八幡宮（福岡県朝倉市）／本居宣長記念館（三重県松阪市）／山鹿博物館（熊本県山鹿市）／長浜城歴史博物館（滋賀県長浜市）／米沢市上杉博物館（山形県米沢市）／咸宜園（大分県日田市）／広瀬資料館（大分県日田市）／福澤諭吉旧居・福澤記念館（大分県中津市）／ホタル館富屋食堂（鹿児島県南九州市）／前田土佐守家資料館（石川県金沢市）／天徳院（石川県金沢市）／大蓮寺（石川県金沢市）／伝通院（東京都文京区）／近江聖人中江藤樹記念館（滋賀県高島市）／熊谷市立荻野吟子記念館（埼玉県熊谷市）

なでしこ歴史物語

平成30年7月1日　初版第1刷発行

著 者　白駒妃登美
発 行　公益財団法人 モラロジー研究所
〒277-8654 千葉県柏市光ヶ丘2-1-1
TEL.04-7173-3155（出版部）
http://www.moralogy.jp/
発 売　学校法人 廣池学園事業部
〒277-8686 千葉県柏市光ヶ丘2-1-1
TEL.04-7173-3158
印 刷　横山印刷株式会社

ISBN978-4-89639-263-0